Astrologie

Revolutionieren Sie Ihr Verständnis der Welt. Entdecken Sie, wie Sie Ihr Potenzial am besten nutzen, bessere Entscheidungen treffen und Ihre Ziele und Träume verwirklichen können

Rhonda Waite Moon

Rechtlicher Hinweis

Die Informationen in diesem Buch und sein Inhalt sind nicht dazu gedacht, irgendeine Form von medizinischem oder professionellem Rat zu ersetzen; sie sind auch nicht dazu gedacht, den Bedarf an medizinischem, finanziellem, rechtlichem oder anderem Rat oder Dienstleistungen zu ersetzen, die möglicherweise erforderlich sind. Der Inhalt und die Informationen in diesem Buch sind ausschließlich für Bildungs- und Erholungszwecke bestimmt.

Der Inhalt und die Informationen in diesem Buch wurden aus Quellen zusammengestellt, die als zuverlässig gelten und sind nach bestem Wissen und Gewissen des Autors korrekt. Der Autor kann jedoch keine Gewähr für die Richtigkeit und Gültigkeit der Angaben übernehmen und kann daher nicht für etwaige Fehler und/oder Auslassungen verantwortlich gemacht werden. Darüber hinaus werden von Zeit zu Zeit Änderungen an diesem Buch vorgenommen. Wenn es angebracht und/oder notwendig ist, sollten Sie einen Fachmann konsultieren (einschließlich, aber nicht beschränkt auf Ihren Arzt, Anwalt, Finanzberater oder einen anderen Fachmann), bevor Sie eines der in diesem Buch vorgeschlagenen Mittel, Techniken und/oder Informationen anwenden.

Durch die Verwendung der Inhalte und Informationen in diesem Buch erklären Sie sich damit einverstanden, den Autor von jeglichen Schäden, Kosten und Ausgaben, einschließlich Anwaltskosten, die sich aus der Anwendung der Informationen in diesem Buch ergeben könnten, freizustellen und schadlos zu halten. Diese Warnung gilt für alle Verluste, Schäden oder Verletzungen, die durch die Anwendung des Inhalts dieses Buches direkt oder indirekt, durch Vertragsbruch, unerlaubte Handlung, Fahrlässigkeit, Körperverletzung, kriminelle Absicht oder unter anderen

Umständen verursacht werden.

Sie erklären sich damit einverstanden, alle Risiken zu übernehmen, die sich aus der Nutzung der in diesem Buch enthaltenen Informationen ergeben.

Sie erklären sich damit einverstanden, dieses Buch vollständig zu lesen und gegebenenfalls einen Fachmann zu konsultieren (einschließlich, aber nicht beschränkt auf Ihren Arzt, Anwalt, Finanzberater oder einen anderen Fachmann), bevor Sie die in diesem Buch vorgeschlagenen Heilmittel, Techniken oder Informationen anwenden.

Inhaltsverzeichnis

Einführung

Willkommen in diesem Buch der Astrologie. In diesen Seiten entdecken Sie die Grundlagen dieser alten Disziplin und erfahren, wie Sie Werkzeuge und Techniken nutzen können, um ein fortgeschrittener Astrologe zu werden.

Astrologie ist eine Disziplin, die die Bewegungen und Positionen der Planeten nutzt, um die Persönlichkeit einer Person zu verstehen und ihre Zukunft vorherzusagen. Mit dieser Anleitung lernen Sie, eine astrologische Karte zu lesen und astrologische Aspekte wie Planeten, Häuser, Positionen und Zeichen zu verstehen. Es hilft Ihnen auch, die Astrologie der Seele und Kundalini-Erwachen zu entdecken.

Das Handbuch ist perfekt für diejenigen, die die Techniken der Astrologie erlernen und ihr Studium vertiefen möchten. Ich habe dieses Buch mit dem Ziel geschrieben, das Lernen einfach und zugänglich zu machen, indem ich eine Schritt-für-Schritt-Anleitung für die Studie von Diagrammen, Geburtshoroskopen, Vorhersagen und Analysen bereitstelle.

Es ist Zeit, Ihre Reise in das Studium der Astrologie zu beginnen. Wir sind bereit, diesen aufregenden Weg zu beginnen. Gute Fortsetzung!

Kapitel 1: Was ist Astrologie und ihre Geschichte

Astrologie

Astrologie ist eine Disziplin, die aus dem Griechischen stammt und sich mit dem Studium der Sterne und der Bewegung von Himmelskörpern beschäftigt. Astrologen verwenden die planetarische Position, um zukünftige Ereignisse im Leben einer Person vorherzusagen. Allerdings gilt die Astrologie aus wissenschaftlicher Sicht als Pseudowissenschaft, da es keine konkreten Beweise für ihre Auswirkungen auf das Leben der Menschen gibt. Astrologie umfasst auch ein Horoskop-System, das die Persönlichkeit und zukünftige Ereignisse einer Person aufgrund der Position der Sterne, des Mondes, der Sonne und anderer Himmelskörper zum Zeitpunkt der Geburt analysiert.

Geschichte der Astrologie

Astrologie ist eine alte Disziplin, die von verschiedenen Kulturen wie der indischen, chinesischen, römischen und mayischen praktiziert wurde. Diese Kulturen haben ein System zur Vorhersage von Erdaktivitäten entwickelt, indem sie die Position von Himmelskörpern beobachteten. Zum Beispiel ist Vedanga Jyotish eine hinduistische Astrologiepraxis, die auf 1400 v. Chr. zurückgeht. Die hellenistische Astrologie hingegen ist eine Tradition der Horoskop-Astrologie, die sich in Ägypten entwickelt hat und sich dann im 6. und 7. Jahrhundert v. Chr. in Asien, Europa und dem Nahen Osten ausbreitete. Im Laufe der Geschichte hatte die Astrologie eine Tradition von Gelehrten und wurde als akademischer Kontext akzeptiert zusammen mit anderen Studien wie Astronomie und Metrologie. Trotzdem haben die Mehrheit der Amerikaner und Briten erklärt, dass sie an Astrologie glauben und akzeptieren, dass die Bewegung der Sterne und Himmelskörper Einfluss auf ihr Leben hat. Im Laufe des 20. Jahrhunderts wurde die Astrologie jedoch durch Medienprodukte populär und gehörte zu den Horoskopen der Zeitungen bis heute.

Antike Astrologie

Die Astrologie ist eine alte Praxis, von der man glaubt, dass sie im 3. Jahrtausend v. Chr. in Mesopotamien mit der babylonischen Astrologie entstanden ist. Einige Beweise deuten darauf hin, dass Menschen bereits in der Steinzeit die Veränderungen der Jahreszeiten im Zusammenhang mit dem astronomischen Zyklus vorhergesagt haben. Die Alten nutzten die Astrologie, um die landwirtschaftlichen Aktivitäten vorherzusagen, einen gemeinsamen Kalender zu organisieren und die Veränderungen des Wetters zu analysieren. Man dachte, dass dies die ersten Schritte waren, um die Auswirkungen des Mondes auf die Gezeiten und Flüsse zu bestimmen. Im 4. Jahrhundert v. Chr. entwickelten sich mathematische Analysen, um die Position der Planeten genau zu berechnen. Die Astrologie war auch mit der Religion verbunden, da man glaubte, dass die Götter sich durch die Himmelskörper offenbarten. Die Bindung an einen bestimmten Planeten wurde als bedeutender Einfluss auf den König und sein Reich angesehen. Die horoskopische Astrologie, die das Prinzip und die Praxis der Geburtsastrologie beinhaltet, entstand später.

Hellenistisches Ägypten

Die Alexandrinische Astrologie, auch als tolemaische Astrologie bekannt, vereinte die babylonische und die ägyptische Dekanenastrologie und schuf ein Horoskopsystem. Es enthielt das Tierkreiszeichensystem mit den Planetenexaltationen und teilte nur zwei Tierkreiszeichen, Waage und Skorpion. Darüber hinaus entwickelte es das Konzept der Unterteilung des Tierkreiszeichens in 36 Dekane, von denen jeder einen Bogen von zehn Grad abdeckte. Die Zeit wurde anhand der Position des Sternbilds Sirius gemessen und es wurde angenommen, dass jedes Sternbild ungefähr zehn Tage vor Sonnenaufgang aufging. Dieses Dekansystem wurde zum wichtigsten Teil der hellenistischen Astrologie.

Griechenland und Rom

Berosso, ein babylonischer Astrologe, zog von Ägypten auf die griechische Insel Kos, um das Wissen über Astrologie und die babylonische Kultur unter dem griechischen Volk zu verbreiten. Nicholas

Campion, ein weiterer wichtiger Astrologe, brachte die Idee der "innovativen Energie" in die Astrologie ein. Um die Vergangenheit, Gegenwart und Zukunft einer Person zu beschreiben, wurde eine Technik namens "Teurgie" eingeführt, die auf der Idee beruht, dass die Seelen mit den Sternen verbunden sind. Die griechische Astrologie spielte eine entscheidende Rolle bei der Verbreitung der Astrologie in Rom, wo, wie in Griechenland, die Caldea durch Astrologie beliebt wurde und ein gemeinsamer Name für die auf Planeten und Sternen basierende Weissagung verwendet wurde. Claudio Tolomeo, ein griechischer Astrologe, versuchte eine präzise Weltkarte auf der Grundlage der Genauigkeit des Horoskops zu erstellen. Er entwickelte das Konzept der Geographie, das eine Beziehung zwischen dem Geburtsort einer Person und den Himmelskörpern vorsieht.

Die mittelalterliche Welt (islamisch, indisch, chinesisch)

Im 7. Jahrhundert wurde die Astrologie von islamischen Gelehrten übernommen. Im 8. Jahrhundert gründete der Abbasiden-Kalif Al-Mansur die Stadt Baghdad und errichtete dort ein Haus der Weisheit, bekannt als Bayt al-Hikma, in dem er die hellenistische Astrologie in die arabische Sprache übersetzte. Die islamischen Gelehrten verbesserten die Praxis der Astronomie erheblich und viele Himmelskörper und Konstellationen erhielten arabische Namen wie Aldebaran, Altair, Betelgeuse und Rigel. Mit dem Fortschritt der Wissenschaft im 17. Jahrhundert lehnten jedoch viele Astronomen, darunter Al-Farabi, Ibn al-Haytham und andere, die Praxis der Astrologie aus praktischen Gründen ab und es entstand ein Konflikt zwischen religiösen und wissenschaftlichen Ansichten über die Astrologie.

Indische Astrologie

Die indische Astrologie, auch bekannt als Jyotish oder Jyotisha, basiert auf der Beobachtung der Bewegung von Himmelskörpern wie Sonne und Mond, um einen Interkalationszyklus von fünf Jahren zu bestimmen. Die Geschichte der indischen Astrologie ist eng mit der der hellenistischen Astrologie verknüpft und Astronomie und Astrologie entwickelten sich gleichzeitig. Nach der Tradition hat der Saptarishi Bhrigu die Schöpfung des Universums durch die astrologischen Dekane beobachtet.

Die chinesische Astrologie

Die chinesische Astrologie, die während der Zhou-Dynastie entwickelt wurde, kombiniert chinesische Kulturelemente wie die Theorie von Yin und Yang und die fünf Phasen der Theorie von Erde, um ein Divinationssystem zu erstellen, das auf Astronomie und Kalender basiert. Der 60-jährige Zyklus umfasst die fünf Elemente der Erde und die zwölf Tierzeichen des Tierkreises. Laut Tsou Yen, einem berühmten Astrologen jener Zeit, deuten die himmlischen Zeichen auf das Kommen einer neuen Dynastie und das Schicksal des Volkes hin.

Moderne Astrologie

Im Laufe der Jahrzehnte wurde die moderne Astrologie häufig praktiziert. Die englische Königin Elisabeth hatte einen persönlichen Astrologen namens John Dee, der den Tod ihres Mannes vorhersagte. Mit Fortschritten in der Astronomie bemühten sich Astrologen jedoch darum, die Präzision der Astrologie zu verbessern. Astrologen vorhersagen die Beziehung zwischen festen Sternen und Konstellationen, dem Medium Coeli und den zwölf astrologischen Häusern mit dem Tierkreiszeichen, Planeten und Teilen des menschlichen Körpers, die als direkter Einfluss durch die Bewegungen himmlischer Objekte betrachtet werden. Astrologen verwenden Ephemeriden und astrologische Berechnungen, um die himmlischen Ereignisse zu analysieren, wie z.B. die Pflanz- und Erntezeiten von Feldern. Zudem behauptet die Astrologie, Rat zur Vorhersage von gesellschaftlicher, mentaler und körperlicher Gesundheit zu geben und auch natürliche Katastrophen vorherzusagen. Im Laufe der Zeit wurde die Astrologie von religiösen und wissenschaftlichen Menschen auf der ganzen Welt akzeptiert. Allerdings ist die vorhersagende Astrologie nicht vereinbar mit modernen katholischen Glaubensansichten. Astrologische Aspekte, Satan, Todesvorhersagen und andere Vorhersagepraktiken wurden als unerklärlich angesehen.

Kapitel 2: Die Planeten

Astrologie ist eine Disziplin, die sich mit der Studie der Position und Bewegung der Planeten beschäftigt. Laut Astrologen hat die Energie der Planeten einen direkten Einfluss auf unser tägliches Leben. In der Astrologie und in den indischen Veden oder Shastras gibt es zehn Planeten: Sonne, Mond, Merkur, Venus, Erde, Mars, Jupiter, Saturn, Uranus und Neptun. Allerdings wird Pluton derzeit nicht mehr als Planet betrachtet und hat keinen Einfluss mehr auf die Astrologie.

Astrologen glauben, dass die Bewegung und Position der Planeten in Geburtshoroskopen positive und negative Auswirkungen auf das Leben von Individuen zeigen können. Deshalb müssen Astrologen ein tiefes Verständnis der Planeten haben. Zum Beispiel gelten Jupiter und Venus als die herzlichsten Planeten und haben einen positiven Einfluss, während Merkur, Sonne und Mond als die hellsten Planeten gelten. Saturn und Mars gelten hingegen als die energiegeladensten Planeten, deren Geschwindigkeit und Position sowohl positive als auch negative Auswirkungen auf das Leben von Individuen haben können.

Um die Planeten besser zu verstehen, beginnt man mit dem Studium ihrer Bewegung und Geschwindigkeit. In der indischen Astrologie wird dies "Graha chaal" genannt, was die Bewegung des Planeten bedeutet. Die Planeten haben unterschiedliche Geschwindigkeiten und bewegen sich mit unterschiedlichen Geschwindigkeiten; einige bewegen sich schneller, andere langsamer. Die Bewegungsgeschwindigkeit der Planeten hängt direkt von ihrer Nähe zur Sonne ab. Es wird angenommen, dass die schneller bewegenden Planeten über die innere Persönlichkeit sprechen. Mond, Venus, Merkur und Mars sind die schnellsten Planeten. Jupiter und Saturn gelten als soziale Verhaltensplaneten.

Es wird angenommen, dass jeder Planet eine spezifische Energie auf das Zeichen ausübt, das er regiert. Planeten werden traditionell als günstig betrachtet, die Vorteile im Leben bringen und als ungünstig, die Verluste verursachen, klassifiziert. Darüber hinaus hat jeder Planet ein Würdezeichen und ein Exaltationszeichen. Das Würdezeichen des Planeten ist das Zeichen, in dem er am stärksten ist und sein höchstes Potenzial ausdrücken kann, während das Exaltationszeichen das Zeichen ist, in dem der Planet schwach und weniger effektiv ist. Der Planet, der den Aszendenten regiert, gilt als der mächtigste unter allen Planeten, während Planeten in ihrem eigenen Haus gestärkt und würdig sind.

Planeten zeigen drei Arten von Bewegung: stabil, direkt und rückläufig. Planeten in stabiler Bewegung konzentrieren sich auf zukünftige Ziele und generieren eine positive Energie. Planeten in direkter Bewegung haben auch einen positiven Einfluss. Im Gegensatz dazu generieren Planeten, die sich rückläufig bewegen, eine negative Energie. In diesem Kapitel werden wir uns auf die spezifischen Aspekte der Planeten und den Einfluss ihrer Energie auf das Leben der Menschen konzentrieren. Wir beginnen mit dem Planeten Sonne.

Der Sonne (das oberste Licht)

Der Planet Sonne, oft auch Luminare oder Stern genannt, repräsentiert die Persönlichkeit, die Natur, den Geist und zeigt die einzigartige Qualität einer Person. Die Sonne bringt Licht in das Haus und führt zu einem fokussierten und wachsenden Leben. Die Energie, die von der Sonne ausgesendet wird, ist mächtig und hilft, die täglichen Herausforderungen zu meistern. Auch hat die Person einen kreativen Geist, der Wohlstand im Beruf schaffen kann. Die Sonne wird auch als Gott der Prophetie bezeichnet und als das oberste Licht betrachtet.

Die Sonne ruht für etwa einen Monat in jedem Zeichen und vollendet ihre Reise durch die zwölf Tierkreiszeichen innerhalb eines Jahres, indem sie jedes Zeichen besucht und sich dort für den gesamten Monat aufhält. Sie regiert das Zeichen Löwe und das fünfte Haus. Die von der Sonne ausgeübte Energie ist sehr stark und zeigt, dass eine Person die Fähigkeit hat, anderen zu befehlen und sich durchzusetzen. Oft werden Männer, die unser Leben beeinflussen, von dem Planeten Sonne regiert.

Das oberste Licht der Sonne gibt uns eine lebensspendende Kraft, die positive Energie zwischen uns füllt und uns die Kraft gibt, im Leben erfolgreich zu sein. Außerdem gibt die Sonne auch anderen Planeten Kraft und Macht. Aus diesem Grund gilt die Sonne als König der Planeten und als der mächtigste unter allen, die direkten Einfluss auf das persönliche Leben haben. Das Studium der Sonne gibt uns ein tieferes Verständnis ihres Charakters und ihres Einflusses auf das Leben einer Person und ist ein wichtiger Teil der Astrologie.

Rolle und Bedeutung des Planeten Sonne im Leben eines Menschen

Der Planet Sonne führt alle Planeten des Sonnensystems an und alle Lebewesen hängen direkt oder indirekt von ihm für ihr Überleben ab. In der Astrologie wird die Sonne, obwohl sie kein Planet ist, als solcher betrachtet und repräsentiert die Macht und Position einer Person.

Im Geburtshoroskop, wenn die Sonne in einer mächtigen Position ist, wird die Person im Mittelpunkt der Aufmerksamkeit stehen und eine starke Autorität haben. Die Position der Sonne im Geburtshoroskop variiert zwischen den Menschen, aber wenn sie das Geburtshoroskop beherrscht, garantiert es Erfolg in allen Bereichen wie Geschäft, Karriere oder Arbeit.

Der Planet Sonne ist im Widderzeichen, dem ersten Tierkreiszeichen, erhöht, was bedeutet, dass die Person eine starke und dynamische Führungsqualität hat.

Die Beziehung des Planeten Sonne zu den anderen Planeten im Geburtshoroskop

Man glaubt, dass die Sonne gute Beziehungen zu den Planeten Mond, Mars und Jupiter hat. Daher hat sie, wenn sie sich in einem dieser Planeten befindet, einen starken Einfluss auf das Leben einer Person. Noch stärker, wenn sie sich in dem 6., 8., 10., 11. und 12. Haus befindet, hat sie einen positiven Einfluss auf das Leben und bringt Erfolg.

Die schwache und belastete Sonne im Horoskop

Die schwache oder belastete Position des Planeten Sonne im Geburtshoroskop zeigt einen negativen Einfluss auf das Leben, einschließlich Misserfolgen in Beruf und Karriere sowie möglichen Finanzverlusten. Diese schwache Position kann durch die Anwesenheit von Rahu, Ketu und Mars im gleichen Haus des Geburtshoroskops verursacht werden.

Um eine schwache und belastete Sonne im Horoskop zu korrigieren, können Sie Mittel wie Rudraksha Ek Mukhi verwenden, um die Macht der Sonne zu erhalten, einen Rubin mit Gold am Ringfinger am Sonntag während des hellen Viertels tragen oder jeden Morgen vor 8 Uhr dem Herrn Sonne Wasser geben.

Der Mond (Regulator der Emotionen)

Der Mond ist ein natürlicher Satellit der Erde und der nächstgelegene Himmelskörper zur Erde. Er hat einen starken Einfluss auf das Leben auf der Erde und vollendet seine Umlaufbahn um diese in 28 Tagen. Der Mond ist oft mit Emotionen, Liebe und Gefühlen des Herzens verbunden und deshalb als ein günstiger Planet betrachtet. Der Mond verbringt etwa einen oder einen halben Tag in jedem Tierkreiszeichen und benötigt 28 Tage, um alle Zeichen zu durchlaufen. Er ist der Herrscher des Zeichens Krebs und des vierten astrologischen Hauses. Die Sonne und der Mond sind eng miteinander verbunden und haben einen parallelen Einfluss auf das Leben. Der Mond repräsentiert die Seele, während die Sonne den Geist für den Erfolg im Leben repräsentiert. Der Mond ist auch mit Beziehungen zwischen Frauen und Kindern verbunden und wird oft als "Luminar" bezeichnet. Er regiert auch die Fruchtbarkeit, Schwangerschaft und Geburt bei Frauen. Der Mond zeigt uns unsere Emotionen und hilft uns, eine Balance in unseren täglichen Aktivitäten zu halten. Er hilft uns auch, unsere Wünsche zu erfüllen und die Vergangenheit und Erinnerungen zu nutzen, um unser Leben zu verbessern. Er hat insgesamt einen positiven Einfluss auf eine Person und die Welt.

Der Mond gibt uns das Gefühl von Unterstützung und Verbundenheit mit unserem Zuhause. Die Position des Mondes in den astrologischen Häusern oder im Tierkreiszeichen zeigt den unterschiedlichen Einfluss auf das Leben einer Person. Der Mond hat einen positiven Einfluss, wenn er sich im Stier oder Krebs befindet. Personen mit dieser Mondposition werden einen gesunden Einfluss auf ihre Gefühle haben. Es ist wichtig, die von dem Mond angebotenen Zeichen zu erkennen und dementsprechend zu handeln, um das Maximum an Nutzen daraus zu ziehen.

Die Kraft des Mondes baut sich während der Geburt eines Kindes auf. Wenn jedoch der Mond negative Energie in Ihr Leben bringt, aufgrund einer ungünstigen Position in einem astrologischen Haus, hat dies ähnliche negative Auswirkungen wie die der Sonne. Dies kann zu Konflikten und familiären Problemen führen, die unsere Seele beeinträchtigen. Der negative Einfluss des Mondes kann unsere Gefühle stören. Die richtige Position des Mondes im Herz-Chakra bringt Glück und Freude in unser Leben.

Auch wenn er von Mars oder Pluto behindert wird, kann der Mond helfen, inneren Frieden zu erreichen und emotionale Ausgewogenheit im Körper zu schaffen. Um den eigenen Mond angemessen zu unterstützen, ist es wichtig, offen zu sein, aufmerksam auf das eigene Herz und die eigenen Gefühle zu hören.

Um den Planeten Mond zu beruhigen und positive Energie anzuziehen, kann es hilfreich sein, ein Silberschmuckstück oder eine silberne Mondkette um den Hals von Kindern zu tragen.

Im Allgemeinen gilt der Mond als der Reaktionspunkt, den wir alle in uns tragen.

Der Planet Merkur

Der Planet Merkur ist als der Planet der Kommunikation und der Boten der Götter bekannt. Er ist ein innerer Planet, der die Sprache und die Kommunikation mit anderen regiert und Bewusstsein schafft. Gedanken, Logik, Argumentation, Antworten und die Ausdrucksweise unserer Gedanken sind alle unter der Kontrolle von Merkur.

Die von Merkur ausgestrahlte Energie kann sowohl positiv als auch negativ sein. Sein Charakter ist schnell und gibt schnelle Antworten. Merkur gilt als energiegeladen und gibt enorme Energie für die Arbeit und fördert auch schnelle Veränderungen von einer Sache zur anderen. Es regiert sowohl physische als auch physiologische Aktivitäten. Merkur ist nur 28 Grad von der Sonne entfernt und vollendet seine Umlaufbahn in etwa 88 Tagen.

Merkur hat kein dominantes Geschlecht und man glaubt, dass es das Geschlecht des Tierkreiszeichens hat, in dem es sich befindet. Es regiert die Tierkreiszeichen Zwillinge und Jungfrau und kontrolliert das 3. und 6. astrologische Haus. Es wird auch als Kontrolleur des Lesens, Schreibens, der Kommunikation, des Denkens und der Ausdrucksweise des Fachgebiets angesehen.

Merkur Rückläufig

Der Begriff "rückläufig" bezieht sich auf eine Bewegung rückwärts. Die rückläufige Bewegung ist auch als stationäre Bewegung bekannt. Merkur tendiert dazu, drei oder vier Mal pro Jahr rückläufig zu sein. Während dieser Zeit hat der Planet direkten Einfluss auf die Kommunikation einer Person. Wenn Merkur vor der Erde vorbeifährt und sich neigt, scheint es, dass der Planet sich in die entgegengesetzte Richtung oder sogar langsam bewegt.

Die Bereiche der Kommunikation und Reise geraten während der Rückläufigkeit außer Kontrolle. Wenn jemand während der Rückläufigkeit geboren wurde und in seinem Geburtshoroskop einen rückläufigen Merkur hat, kann er eine größere Schärfe, Klarheit und Wachstum im Beruf erfahren. Im Gegensatz dazu kann eine andere Person während der Rückläufigkeit einen insgesamt negativen Einfluss erfahren.

Während der Rückläufigkeit sollten Sie nichts Neues kaufen, wie Fahrzeuge, elektronische Geräte usw. Geschäftsleute sollten während dieser Zeit keine neuen Verträge oder Versicherungen unterschreiben. Wenn Missverständnisse auftreten, sollten Sie keine übereilten Schlüsse ziehen.

Die Dinge, die während der Rückläufigkeit zu tun sind, beziehen sich auf die Kommunikation: Denken Sie vor dem Sprechen nach, überprüfen Sie immer die Details, bevor Sie eine neue Arbeit unterschreiben. Wenn möglich sollten Sie frühzeitig für Reisen aufbrechen und während der Fahrt nicht zu spät kommen. Der Rückläufigkeitszeitraum kann als Zeit der Überprüfung und Analyse von ausstehenden Arbeiten und Wiederaufnahme betrachtet werden.

Der Rückläufigkeitszeitraum von Merkur bietet eine große Gelegenheit, ausstehende Arbeiten abzuschließen. Versuchen Sie, alle Dinge zusammenzufassen und, sobald Merkur wieder in seine direkte Bewegung übergeht, sofort Maßnahmen zu ergreifen, um die Arbeit abzuschließen und die Kommunikation zu verbessern.

Der Planet Venus

Der Planet Venus ist bekannt als der Planet der Liebe und Finanzen. Er regiert das Sternzeichen des Stiers und der Waage und beeinflusst die Schönheit einer Person. Er gilt als Herrscher der Liebe und eine perfekte Position von Venus im Sternzeichen oder im Haus garantiert auch Geld und einen positiven Einfluss auf den Gewinn.

Es beeinflusst auch die Liebesgefühle, Emotionen und Vergnügen. Venus vollendet seinen Zyklus in 225 Tagen um die Sonne und ist mit der weiblichen Energie verbunden. Es regiert das zweite und das siebte Haus der Sternzeichen.

Kulturelle Aktivitäten wie Kunst, Musik, Tanzen und Literatur werden ebenfalls von Venus beeinflusst. Es lehrt uns auch, unsere Mitmenschen zu lieben und bedeutungsvolle Beziehungen aufzubauen.

Luxus im Leben, wie Schmuck, teure Autos und ein eigenes Haus, sind auch mit den positiven Schwingungen von Venus verbunden. Ehebeziehungen und geschäftliche Zusammenarbeiten werden durch die positive Energie, die von diesem Planeten ausgesendet wird, erfolgreich geführt.

Venus spielt auch eine wichtige Rolle bei der Aufrechterhaltung des Hormonhaushalts im Körper und der äußeren Schönheit. Es hat eine gute Kompatibilität mit fast allen Planeten und Häusern des Tierkreises und inspiriert uns, positive Schwingungen mit Liebe und Hingabe zu fühlen und zu verbinden.

Insgesamt bringt Venus Wohlstand, Luxus und Liebe ins Leben. Obwohl einige Astrologen über die Schäden, die von Venus verursacht werden, übereinstimmen, stimmen die meisten über seine positiven Eigenschaften und das Gleichgewicht überein, das es in das Leben einer Person bringt.

Der Planet Mars

Der Planet Mars wird oft als der Planet der Leidenschaft und Aktion betrachtet. Er braucht 24 Monate, um die Sonne zu umkreisen und verweilt deshalb länger in jedem Sternzeichen. Er regiert das Zeichen Widder und Skorpion und beeinflusst auch das erste und achte Haus der Tierkreiszeichen. Er besitzt eine starke männliche Energie und wird als der Aktionsplanet aller Tierkreiszeichen betrachtet. Auch als der Rote Planet bekannt, spendet er positive Energie, macht leidenschaftlich und gibt eine starke Entschlossenheit. Es kann jedoch auch zerstörerisch sein, wenn seine Position und seine Energie nicht günstig sind und Gewalt und Konflikte verursachen. Es ist wichtig zu beachten, dass die Energie von Mars am besten genutzt wird, wenn er gut im Tierkreiszeichen und im Haus einer Person positioniert ist und als Energiereservoir genutzt werden kann, um die eigenen Ziele zu erreichen. Wenn die Position des Mars unsicher oder schwach ist, kann es Aggressivität verursachen und die Person schädigen, indem es ihren Geist in die Dunkelheit zieht.

Mars regiert nicht nur die sexuelle Energie, sondern auch die Ambition und den Mut. Wenn er jedoch rückläufig durch das Tierkreiszeichen geht, kann es einen negativen Einfluss auf das Leben einer Person haben, indem es emotionale, physische und mentale Unausgewogenheit verursacht. Um eine gesunde Position des Planeten Mars zu erhalten, ist es wichtig, die Beziehung zu den Planeten Mond, Sonne und Venus und den Einfluss des Elementes Wasser zu berücksichtigen. Auch das Anbeten des Herrn Hanuman kann helfen, die durch konfliktreiche Energie des Planeten verursachte Zerstörung zu vermeiden.

Der Planet Jupiter

Der Planet Jupiter gilt als Glücks- und Schicksalsplanet, der einen großen Einfluss auf das Leben einer Person hat. Er benötigt ungefähr 12 Jahre, um alle Tierkreiszeichen zu durchlaufen und verweilt dabei ungefähr ein Jahr in jedem Haus oder Zeichen. Jupiter herrscht über die Schützen und die Fische sowie über das neunte und zwölfte Haus. Er wird auch Guru oder Brihaspati genannt und gilt als Symbol von Verehrung und Hingabe. Jupiter hat eine direkte Beziehung zum Glück und die Konjunktion mit dem Mond bringt Wohlstand in das persönliche Leben. Es ist der größte Planet im Sonnensystem und gilt als gütiger Planet, der die Fähigkeit hat, zu wachsen und zu prosperieren. Trotzdem kann es, wenn es durch den Krebs gestärkt und durch den Steinbock geschwächt wird, eine gegenteilige Wirkung auf das persönliche Leben haben. In der Astrologie gilt Jupiter als wirksamer Planet im Geburtshoroskop, aber es wird gesagt, dass er schädlich für den Planeten Venus ist.

Wenn Jupiter sich in einer starken Position befindet, gibt er eine erhebliche positive Energie ab, die den Geborenen mit Erfolg, Reichtum, Kindern, Macht und Autorität segnet. Wenn jedoch andere Planeten wie Rahu, Saturn und Mars ihn beeinträchtigen oder er in Konflikt mit der Sonne steht und sich in einer schwachen Position im Horoskop befindet, kann es zu Verlusten von Reichtum führen. Das kann passieren, wenn Jupiter sich mit Rahu und Ketu verbindet und den Guru Chandal Yoga bildet, was einen negativen Einfluss auf das Leben des Geborenen hat. Laut Dasha von Vimshottari herrscht Jupiter ungefähr 16 Jahre im Leben eines Individuums und seine Auswirkungen können je nach Kombination mit anderen Planeten variieren. Allerdings ist ein Vorteil, dass Jupiter die Geborenen auch in schwierige Zeiten führt und als Freund der Häuser gilt. Im Allgemeinen hat eine gute Position von Jupiter einen positiven Einfluss auf das Leben des Geborenen und der Kult des Planeten kann Wohlstand in das Haus bringen.

Der Planet Saturn

Der Planet Saturn wird mit Karma in Verbindung gebracht und oft als Symbol der Rache betrachtet, das Lektionen aus vergangenen Erfahrungen vermittelt. Er gilt als Lehrer der Häuser und zwingt dazu, hart im Leben zu arbeiten, um Vorteile zu erlangen. Seine Wirkung kann jedoch auch als Lektion in Verantwortung und Disziplin gesehen werden. Seine Umlaufbahn um die Sonne dauert zwischen 28 und 30 Jahren, er herrscht über das Tierkreiszeichen Steinbock und Wassermann und herrscht auch über das zehnte und elfte Haus. Saturn hat eine männliche Kraft und wird sowohl als kalt als auch als warm beschrieben. Aufgrund seiner strengen Natur haben viele Menschen Angst vor diesem Planeten.

Wenn er jedoch in einer günstigen Position steht, wie im siebten Haus, kann er die Lebensdauer fördern und einen guten Einfluss auf das Horoskop haben. In der indischen Astrologie hat Saturn eine besonders wichtige Bedeutung.

Jeder Mensch muss im Laufe seines Lebens eine Zeit der Sadhe Sati und Shani Dhaiya durchlaufen. Der erste Zeitraum, Sadhe Sati, tritt auf, wenn Saturn durch das zwölfte und das zweite Haus des Mondes des Geborenen wandert und dauert ungefähr sieben Jahre. Der zweite Zeitraum, Shani Dhaiya, tritt auf, wenn Saturn durch das vierte und das achte Haus des Mondes des Geborenen wandert und dauert ungefähr zwei Jahre und sechs Monate.

Beide Zeiträume können viele Schwierigkeiten und Kämpfe im Leben der Menschen mit sich bringen, einschließlich Rückschlägen in Karriere und Wachstum. Der Planet Saturn jedoch, anders als Mars, ermutigt dazu, über die Gründe für diese Rückschläge nachzudenken, was die Person am Ende weiser macht. Der Kult von Shani kann dazu beitragen, die Auswirkungen dieser Zeiträume zu reduzieren und die Kraft zu geben, sie zu bewältigen.

Der Planet Uranus

Der Planet Uranus wird oft mit Rebellion in Verbindung gebracht. Er hat eine langsame Bewegung im Vergleich zu anderen Planeten des Tierkreises und benötigt 84 Jahre, um einen Zyklus durch jedes Tierkreiszeichen zu absolvieren. Er herrscht über das Wassermannzeichen und das elfte Haus der Zeichen und hat eine Hermaphrodite-Energie. Er gilt als Achter von Merkur und als erster spiritueller Planet. Er herrscht auch über Naturkatastrophen und Umweltveränderungen.

Wenn Uranus durch ein beliebiges der zwölf Tierkreiszeichen transitiert, kann er Spannungen, Stress, Druck, Bruch, Lockerung, Vertrauen und Selbstzerstörung verursachen. Der Einfluss ist stärker, wenn er sich im siebten Haus befindet und kann Missverständnisse, Scheidungen und schwierige Beziehungen verursachen, die Menschen in gefährliche

Situationen bringen. Es wird angenommen, dass, wenn dieser Planet sich in einem beliebigen Haus befindet, es automatisch mit Stress gefüllt ist.

Die Sonne gilt als Gegner von Uranus und es wird auch angenommen, dass sie das Löwezeichen herrscht. Wenn die Sonne Uranus beeinflusst, kann sie die Person zum Glücksspiel und anderen riskanten Aktivitäten drängen. Der Schlüsselfaktor von Uranus ist Freiheit und Kreativität.

Allerdings bringt Uranus auch eine positive Seite mit sich, die zur Bewusstwerdung und zur Fähigkeit führt, Dinge auf andere Weise zu betrachten. Er herrscht auch über Originalität und drängt die Menschen dazu, neue Erfindungen zu entwickeln und autonom zu sein. Menschen, die von Uranus beeinflusst werden, müssen stark darauf bedacht sein, ihre Intelligenz zu entwickeln, ohne ihr Nervensystem zu schädigen. Uranus akzeptiert keine Entschuldigungen und hört nur auf die Wärme und Klarheit der Köpfe, was eine bessere Zukunft vorbereitet.

Der Planet Neptun

Der Planet Neptun benötigt 165 Jahre, um durch die Tierkreiszeichen zu wandern und verweilt dabei etwa 14 Jahre in jedem Haus. Er besteht aus der Energie der Askese und regiert die Fische und das zwölfte Haus. Er wird auch als achter Planet von Venus bezeichnet und gilt als der zweite spirituelle Planet. Er ist als der Planet der Illusion bekannt und beeinflusst die Natur des Geborenen. Er kontrolliert die Ozeane der Erde und wird oft als Gott der Ozeane bezeichnet.

Wenn unser dominierender Planet in Kontakt mit Neptun kommt, können wir uns unsicher fühlen und Angst haben, die Dinge um uns herum zu bewältigen. Es ist der Planet des Glaubens und des Vertrauens und fördert Aktivitäten wie Poesie, Musik und Tanz. Es kann jedoch auch zu falschen Ideen, Lügen und Illusionen führen.

Neptun hat positive Auswirkungen wie die Schaffung einer verlässlichen Person und einer Persönlichkeit, die dem Opfer gewidmet ist. Wenn er jedoch von der Präsenz eines anderen Planeten beeinflusst wird, kann er einen negativen Einfluss auf das Leben des Geborenen haben, der sich in Form von körperlichen Krankheiten, Allergien, hormonellen Störungen und anderen medizinischen Problemen manifestiert. Er kann auch dazu führen, dass eine Person Drogen und Alkohol missbraucht.

Um Neptun zu nutzen, ist es wichtig, sich selbst tiefgründig zu studieren, die eigenen Ziele zu finden und sich darauf zu konzentrieren. Vertrauen aufzubauen und die magischen Momente zu nutzen, die sich auf unserem Weg bieten, wird uns helfen, die Aura der Farben zu schätzen, die dieser Planet in unserem Leben erschafft.

Der Planet Pluto

Pluton ist der letzte Planet im Sonnensystem und ist mit Transformation und Wiedergeburt des Lebens verbunden. Sein Transitzyklus durch die Tierkreiszeichen dauert etwa 250 Jahre und es dauert zwischen 21 und 30 Jahren, ein bestimmtes Zeichen zu durchlaufen. Pluton regiert das Tierkreiszeichen Skorpion und regiert auch das achte Haus. Er gilt als der achte obere Planet nach Mars und der letzte spirituelle Planet.

Pluton hat eine zerstörerische Persönlichkeit und kann in den Leben der Menschen Verwüstung anrichten, aber gleichzeitig liebt es, Dinge wiederaufzubauen. Daher zeigt es sowohl die Qualitäten eines Bauarbeiters als auch eines Zerstörers. Pluton ist mit kriminellen Aktivitäten verbunden und Menschen unter seinem Einfluss könnten sich mit zerstörerischen und kreativen Situationen auseinandersetzen müssen. Dieser Planet kann von manchen Menschen als böse und teuflisch wahrgenommen werden. Er gibt eine mächtige Energie ab und Menschen können den Einfluss von Pluton auf sie nicht leugnen. Pluton weiß, wann es als Zerstörer und wann als Bauarbeiter agieren soll und konzentriert sich oft auf die Schaffung von Massen.

Wenn der Planet Pluton in der Geburtskarte sehr stark und dominant ist, kann dies dem Individuum Vorteile bringen, gibt ihm einen starken Willen und die Hingabe, soziale Aktivitäten zu verwalten. Aber wenn es nicht sorgfältig gehandhabt wird, kann es auch eine skrupellose Persönlichkeit schaffen. Auch kann Pluton in einer hervorstechenden Position Besitzgier in einer Beziehung manifestieren.

Pluton fügt einer Person einen gewissen Charakter hinzu, wie Stärke und

Tiefe, aber wenn es in einer schwachen Position ist, kann die Person soziale und rechtliche Probleme in ihrem Leben haben. Im Allgemeinen haben Menschen mit einem starken Einfluss von Pluton tendenziell das Verständnis für den Prozess der Erneuerung und Regeneration, der in der Welt stattfindet, auch wenn manchmal zu früh und manchmal zu spät. Die Position von Pluton in der Geburtskarte und seine Transitänderungen haben einen großen Einfluss auf unser Leben, indem sie uns zeigen, wie wir mit Menschen in der Welt interagieren.

.

Kapitel 3: Welchem Element gehörst du an?

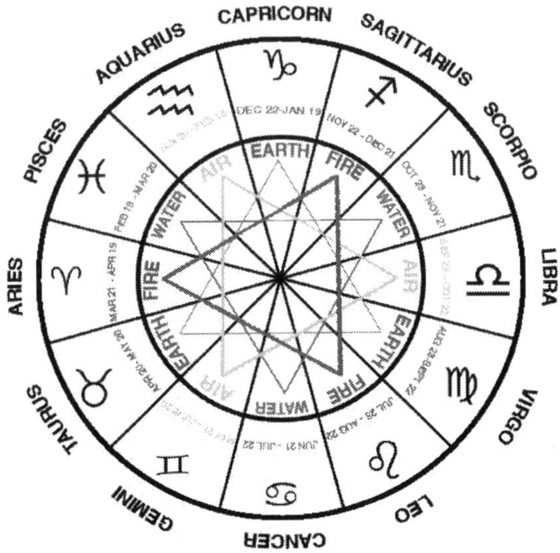

Abbildung: Die Elemente und ihre Beziehung zu den Tierkreiszeichen

Elemente und Qualitäten gelten als die Hauptklassifizierungen der Tierkreiszeichen. Elemente sind in Gruppen von drei, bekannt als Tripletten, die ein Dreieck bilden, vorhanden. Sie beschreiben allgemein die Grundnatur einer Person und die Qualitäten dienen als Mittel, um sie auszudrücken. Es gibt vier Grundelemente, die die menschliche Natur beschreiben: Feuer, Erde, Wasser und Luft. Sie bilden das Viereck der vier Äquator in der Tierkreiskarte und die drei Zeichen sind immer mit den vier Elementen verbunden.

Die Feuerelemente repräsentieren die Zeichen Widder, Löwe und Schütze. Eine Person mit einem Feuerzeichen hat eine leidenschaftliche Persönlichkeit ähnlich dem Feuer. Die Erdelemente repräsentieren die Zeichen Jungfrau, Steinbock und Stier. Eine Person mit einem Erdzeichen hat eine solide Persönlichkeit und einen praktischen Verstand. Das Luftzeichen repräsentiert die entsprechenden Zeichen Waage, Zwillinge und Wassermann. Eine Person mit einem Luftzeichen in der Astrologie hat eine Emotion und einen Fluss von Gefühlen und Gedanken. Das Wasserzeichen repräsentiert die Zeichen Fische, Krebs und Skorpion. Eine Person mit einem Wasserzeichen hat einen Vorrat an emotionalen Ressourcen.

Der menschliche Körper wird als eine Kombination dieser Elemente betrachtet. Astrologen haben diese Merkmale der Elemente in den Tierkreiszeichen entwickelt. Wenn man eine Astrologiekarte untersucht und eine Balance aller Elemente findet, zeigt dies, dass die betreffende Person eine großartige Persönlichkeit hat. In diesem Kapitel werden die Rollen der Elemente in Geburtshoroskopen und im Leben einer Person beschrieben, beginnend mit dem Feuerelement.

Das Element Feuer und seine Zeichen

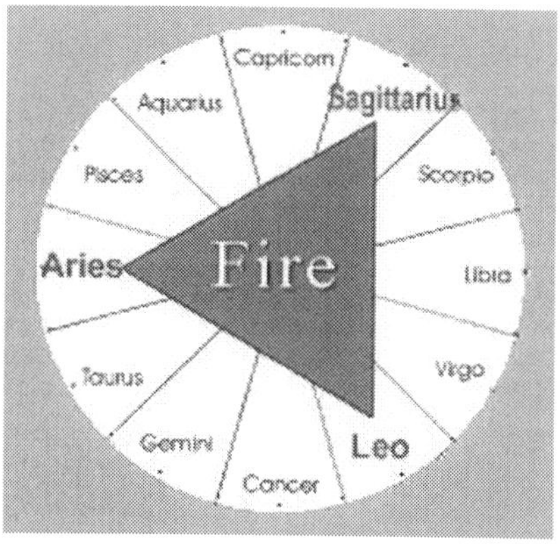

Abbildung: Die Zeichen des Elementes Feuer

Die Zeichen des Feuerelements sind Widder, Löwe und Schütze. Individuen, die von diesem Element beeinflusst werden, gelten als aggressiv, stürmisch, ausdrucksstark, impulsiv und mutig. Das Feuerelement herrscht über das erste, fünfte und neunte Haus und symbolisiert kreatives Denken im Geburtshoroskop. Sie sind oft selbstgenügsam und besitzen ein spirituelles Leben.

Die Persönlichkeit von Menschen, die vom Feuerelement beeinflusst werden, wird oft als einzigartig und kreativ beschrieben und sie zeigen einen lebhaften und mutigen Geist. Sie sind auch begabt mit einem starken Lebenswillen und können für andere eine Inspiration sein. Allerdings können sie auch als egoistisch und selbstbezogen wahrgenommen werden. Diese Menschen sind oft voller schwingender Energie und haben eine unabhängige Natur. Planeten, die in den Häusern des Feuers vorhanden sind, beeinflussen auch die Haltung des Individuums gegenüber dem Leben. Sie gelten auch als die sexuell anziehendsten der Tierkreiszeichen und besitzen eine große Persönlichkeit, die sich an religiösen Ideen und moralischen Lebensanschauungen orientiert. Die Feuerzeichen sind auch dominant in Liebesangelegenheiten und sind in der Regel sehr selbstbewusst. Im Allgemeinen sind Menschen mit Feuerzeichen kreativ und realistisch.

Das Element Erde und seine Zeichen

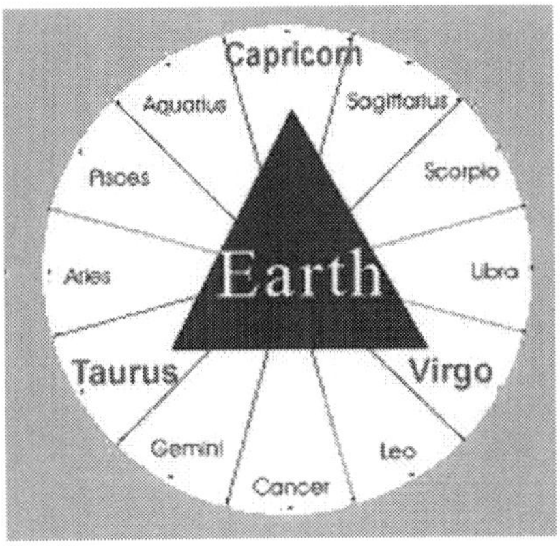

Abbildung: Die Zeichen des Elementes Erde

Die Zeichen des Elementes Erde sind Stier, Jungfrau und Steinbock und regieren das 2., 6. und 10. Haus. Das Element Erde gilt als Grundlage der Sternzeichen und Menschen, die von ihm beeinflusst werden, werden als pragmatisch und bodenständig beschrieben. Sie gelten oft als materialistisch, konservativ und risikoavers. Diese Menschen führen ein energiegeladenes Leben im körperlichen Kontext und unterstützen die praktische Welt.

Menschen mit dem Element Erde können manchmal gierig sein, haben eine realitätsbezogene Persönlichkeit, halten ihre Füße auf dem Boden und blicken nach oben, um ihre Ziele zu erreichen. Das Material ist ein wichtiger Bestandteil des Elements Erde und diese Menschen sind in ihrer beruflichen Karriere, in ihren Projekten und in konkreten Dingen sehr stabil. Sie achten sehr auf ihre Arbeit und sind vorsichtig. Verantwortung und Zuverlässigkeit sind auch Eigenschaften, die das Element Erde verleiht. Sie sind materialistischer und glauben nie an fantasievolle Gedanken. Ihr logisches Denken wird von anderen sehr geschätzt.

Menschen mit dem Element Erde und ihrem logischen Denken haben in ihrem Berufsfeld, in ihren beruflichen Ambitionen und in anderen Bereichen viel Erfolg. Sie sind oft Experten darin, Situationen durch ihren praktischen Ansatz am besten zu handhaben. Das Schlüsselwort für das Element Erde ist Material und seine Zeichen werden als die Trinität des Reichtums bezeichnet. Sie konzentrieren sich hauptsächlich darauf, ihre Ziele innerhalb der vorgesehenen Zeiten zu erreichen. Sie fühlen sich in der Behandlung mit der physischen Welt im Vergleich zu anderen Zeichen oder Elementen wohler und laufen nie unnötige Risiken ein. Menschen mit einem starken Element Erde in ihrem Geburtshoroskop tendieren dazu, im Leben erfolgreicher zu sein und natürlich produktiver. Manchmal können sie jedoch zu starr und stur in ihren Ideen sein, was zu Problemen in persönlichen Beziehungen führen kann. Im Allgemeinen repräsentiert das Element Erde Stabilität, Sicherheit und Solidität, und diese Eigenschaften sind für Erfolg und Zufriedenheit im Leben unerlässlich.

Das Element Luft und seine Zeichen

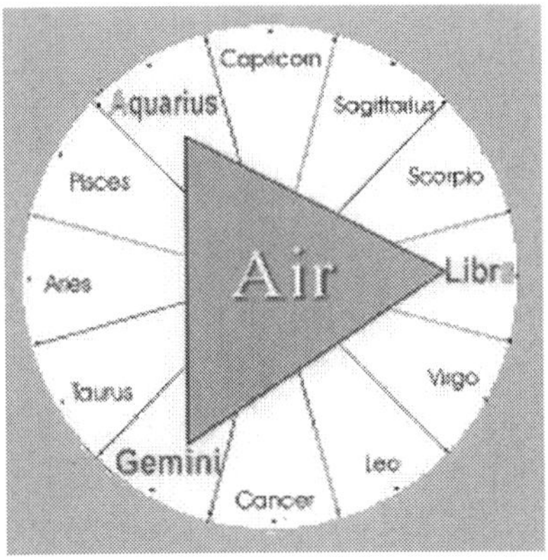

Abbildung: Die Zeichen des Elements Luft

Die Zeichen des Elements Luft sind Zwillinge, Waage und Wassermann. Menschen mit diesem Element in ihrem astrologischen Thema sind in der Regel kommunikativ, sozial orientiert und emotional distanziert. Das Element Luft ist dominant in dem 3., 7. und 11. Haus. Diese Menschen haben einen rationalen Ansatz und einen analytischen Verstand. Sie sind sehr in sozialen Aktivitäten engagiert und haben einen starken Intellekt. Sie neigen dazu, Beziehungen auf gegenseitigem Verständnis aufzubauen. Ihre Kommunikation und persönlichen Interessen werden oft von Planeten beeinflusst, die in den Lufthäusern präsent sind. Geselligkeit ist das Schlüsselwort für diese Zeichen. Sie tragen auch dazu bei, die Welt durch Analyse und Entschlossenheit zu verbessern. Sie haben einen kollaborativen Verstand und arbeiten leicht mit anderen zusammen, um Situationen zu verbessern. Sie gelten als erfinderisch und lieben es, neue Dinge zu erschaffen.

Das Element Luft schafft Ausgeglichenheit in allen Bereichen des Lebens, wie Arbeit, Soziales und Geschäfte, und neigen dazu, ein ausgeglichenes Leben zu führen. Wenn das Element Luft von der Anwesenheit eines anderen Planeten im Nachbarhaus beeinflusst wird, können sich die Menschen leicht an diese Einflüsse anpassen. Sie sind oft kalt und ruhig in ihrer Natur. Der Charakter einer Person mit dem Element Luft ist hell und glänzend, aber sie können sowohl warm als auch kalt erleben, genau wie die Luft. Es wird gesagt, dass das Element Luft der Kontrolleur der Gedanken ist. Manchmal kann die Anwesenheit eines anderen Planeten im Haus das Gleichgewicht des Elements Luft stören und die Person in eine kalte Person verwandeln. Sie sind sehr objektiv bei Entscheidungen und haben eine große Vertrautheit mit spezifischen Theorien und Ideen, die die Realität klar ausdrücken. Gleichgewicht ist für das Element Luft genauso wichtig wie für die Gedanken.

Das Element Wasser und seine Zeichen

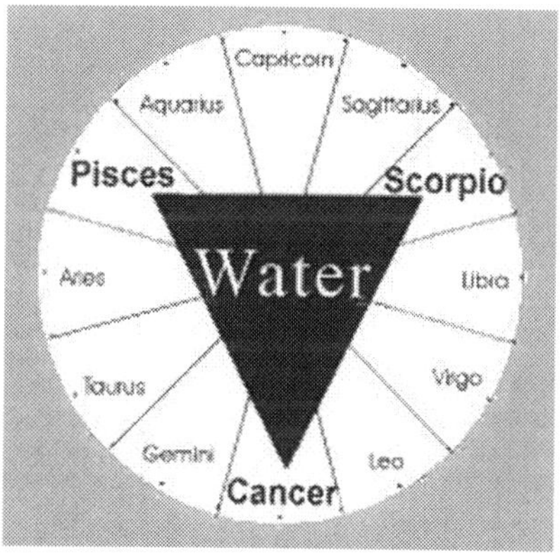

Abbildung: Zeichen des Elements Wasser

Das Element Wasser ist direkt mit den Zeichen Krebs, Skorpion und Fische verbunden und regiert das 4., 8. und 12. Haus. Das Wasser steht für Flüssigkeit und kontrolliert den Fluss von Gefühlen und Emotionen einer Person. Menschen, die vom Element Wasser beeinflusst werden, sind in der Regel zurückhaltend und konservativ. Sie halten gerne Geheimnisse und leben in einer Welt, die von Gefühlen geprägt ist. Das Wasser hat einen starken Einfluss auf das emotionale Verhalten einer Person und ihre Gedanken tendieren dazu, tief und introspektiv zu sein.

Die in den Wasserzeichen geborenen sind sehr sensibel und leiden intensiver als andere Zeichen.

Sie sind anfälliger für Stimmungsschwankungen und leicht ablenkbar, aber mit der Zeit neigen sie dazu, sich selbst zu bemitleiden und leben oft in einer imaginären Welt anstatt in der Realität. Sie gelten auch als die Trinität der Sensitiven und lieben es, anderen zu helfen. Die Anwesenheit eines anderen Planeten in ihrem Haus kann den Zustand ihrer Gefühle beeinflussen. Sie haben eine künstlerische Sicht auf das Leben und können in anderen Leben dominant sein.

Zusätzlich zu diesen Elementen und Zeichen gibt es auch die beiden Exagone:

Das männliche Zeichen repräsentiert die Feuer- und Luftzeichen, die energiegeladener und aktiver sind, extrovertiert und mit einer expansiven Persönlichkeit;

Das weibliche Zeichen repräsentiert die Wasser- und Erdelemente, die eine passivere Energie haben und introvertierter sind.

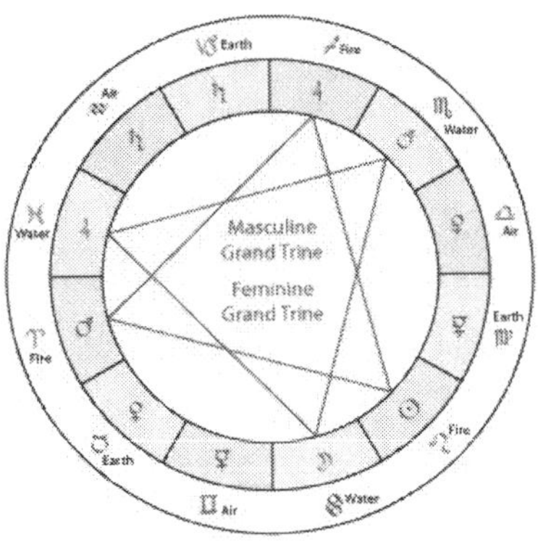

Abbildung: Die Position des weiblichen/männlichen Zeichens

Qualitäten

Neben den Elementen sind Qualitäten ein weiteres Attribut, das die menschliche Natur beschreibt. Qualitäten werden in Form von Quadruplizitäten zugewiesen, das heißt, die Gruppierung von vier Zeichen, die gemeinsame Merkmale und Modalitäten teilen. Im Tierkreis sind die Zeichen, die sich gegenseitig um 90 Grad gegenüberstehen, als Zeichenpolarität definiert und teilen den gleichen Grundcharakter. Es gibt drei grundlegende Qualitäten, die die menschliche Natur beschreiben: Kardinal, Fix und Veränderlich. Jede Qualität hat einzigartige und spezifische Merkmale, die den Weg beeinflussen, wie eine Person sich auf die Welt und die Situationen bezieht.

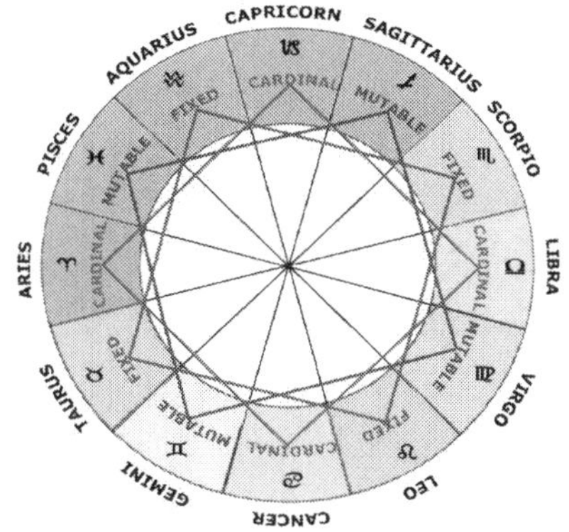

Abbildung: Das Rad des Tierkreises mit Qualitäten

Die kardinalen Zeichen

Die vier kardinalen Zeichen des Tierkreises sind Widder, Krebs, Waage und Steinbock. Sie teilen gemeinsame Eigenschaften wie Initiative, Motivation und Aktion. In der Astrologie ist das kardinale Haus die Kombination aus dem ersten, vierten, siebten und zehnten Haus, die jeweils die persönliche Identität, familiäre Beziehungen, interpersonelle Beziehungen und Karriere repräsentieren.

Die Fixen Zeichen

Die vier Tierkreiszeichen, die zu den fixen Zeichen gehören, sind Stier, Löwe, Skorpion und Wassermann. Diese Zeichen zeichnen sich durch ihre Hingabe aus, Ziele zu erreichen, die sie sich gesetzt haben. Sie teilen gemeinsame Eigenschaften wie Stabilität, Ausdauer und starke Entschlossenheit. In der Astrologie gehören die Häuser, die zu den fixen Zeichen gehören, dem zweiten, fünften, achten und elften, die jeweils die materiellen Güter, die Kreativität, die Transformation und die Beziehungen repräsentieren.

Die veränderlichen Zeichen

Die Zwillinge, Jungfrau, Schütze und Fische gelten als veränderliche Zeichen des Tierkreises. Sie teilen gemeinsame Eigenschaften wie Flexibilität, Vielseitigkeit, Anpassungsfähigkeit und Veränderlichkeit. In der Astrologie gehören die Häuser, die zu den beweglichen Zeichen gehören, dem dritten, sechsten, neunten und zwölften Haus, die jeweils die Kommunikation, die Gesundheit, die Lebensphilosophie und das Unterbewusstsein repräsentieren. Diese Zeichen gelten als besonders wandelbar und anpassungsfähig in Bezug auf die Umstände.

Elements/qualities	Fire sign	Water sign	Air sign	Earth sign
Cardinal	Aries	Cancer	Libra	Capricorn
Fixed	Leo	Scorpio	Aquarius	Taurus
Mutable	Sagittarius	Pisces	Gemini	Virgo

Tabelle: Beziehung der Zeichen zu Elementen und Qualitäten

Kapitel 4: Die Tierkreiszeichen und ihre tiefere Bedeutung

Abbildung: Der Tierkreiszyklus und die Zeichen

Die Tierkreiszeichen sind ein wichtiger Bestandteil der Astrologie, da sie dazu beitragen, die Positionen von Planeten, Aszendenten, Häusern und Medium Coeli zu definieren. Es besteht eine direkte Beziehung zwischen dem Tierkreiszeichen und den Planeten und es ist hilfreich für Vorhersagen. Der Tierkreis stellt den Kreislauf des Lebens dar und jedes Tierkreiszeichen verwendet Symbole von Tieren oder Personen. Jeder Planet drückt eine Energie aus und wird von einem anderen Planeten beeinflusst. Die Tierkreiszeichen sind miteinander verbunden und es wird angenommen, dass diese Planeten die Herrscher der zwölf

Tierkreiszeichen sind. Trotzdem können einige Tierkreiszeichen von mehreren Planeten beeinflusst werden. Beispielsweise werden Zwillinge und Jungfrau hauptsächlich von Merkur beeinflusst. Auch folgen die Tierkreiszeichen der gleichen Reihenfolge der Planeten im Sonnensystem und gehen im Gegenuhrzeigersinn vor. In diesem Kapitel werden wir die tiefere Bedeutung der Tierkreiszeichen im Detail untersuchen.

Die Struktur des Tierkreiszyklus

Der Tierkreis ist in zwölf gleiche Zeichen unterteilt, wobei jedes einen Bogen von 30 Grad einnimmt. Die Reihenfolge der Zeichen ist: Widder, Stier, Zwillinge, Krebs, Löwe, Jungfrau, Waage, Skorpion, Schütze, Steinbock, Wassermann und Fische. Die Elemente Wasser, Erde, Luft und Feuer bilden innerhalb der Tierkreisringe ein äquatoriales Dreieck, das als Triplett bekannt ist. Jedes der Tierkreiszeichen ist einem dieser Elemente zugeordnet, wodurch eine einzigartige Harmonie entsteht.

Widder

Der Widder ist das erste Tierkreiszeichen und wird mit der Eigenschaft der Ungeduld assoziiert. Menschen, die im Tierkreiszeichen des Widders geboren sind, haben einen kreativen Verstand und sind ehrgeizig. Sie besitzen einen starken Willen, eine Neigung zur Erreichung von Zielen, einen guten Sinn für Humor und eine ansprechende Persönlichkeit. Der Widder gehört dem Element Feuer an, was sich in seiner aktiven und leidenschaftlichen Persönlichkeit widerspiegelt. Er ist treu und ergeben seinen Freunden gegenüber. Der Widder regiert den Kopf und das Gehirn und wird von dem Planeten Mars regiert. Er entspricht auch dem ersten Haus. Menschen, die unter dem Zeichen des Widders geboren sind, sind fleißig und manchmal impulsiv, aber gleichzeitig können sie sich leicht beruhigen. Das Gegenzeichen des Widders ist die Waage, was eine gute Kompatibilität, auch auf einer Eheebene, zeigt. Beide Zeichen schaffen ein Gleichgewicht und haben eine ergänzende Reaktion. Der Widder repräsentiert auch die eigene Identität. Als Student ist er aufmerksam und konzentriert beim Lernen und der Entwicklung von Fähigkeiten. Seine Position im ersten Haus zeigt eine dynamische Persönlichkeit und gehört zum dynamischen kardinalen Kreuz. Der Widder ist eine Person der Tat, die glaubt, dass man schnell handeln sollte, ohne zu viel im Voraus zu planen.

Stier

Der Stier ist das zweite Tierkreiszeichen. Regiert von dem Planeten Venus und dem Element Erde gehörend, sind Menschen im Tierkreiszeichen des Stiers stark und widerstandsfähig, genau wie das symbolische Tier des Zeichens. Sie können von Natur aus stur sein, aber sie sind auch geduldig, effizient und praktisch. Diese Eigenschaften eignen sich ideal für Geschäfte, da sie tendenziell hervorragende Führer oder Lehrer sein können. Der Stier ist verständnisvoller als die anderen Tierkreiszeichen, ist materialistisch und zeigt eine besitzergreifende Haltung. Er regiert den Hals und das Hörvermögen.

Das Gegenzeichen des Stiers ist der Skorpion und beide Zeichen schaffen eine gegenseitige Stabilität. Wenn der Stier ein Sammler von Ressourcen ist, ist der Skorpion ein Schöpfer von Ressourcen. Zusammen zeigen sie eine gute Kompatibilität.

Der Stier gehört zum zweiten Haus, das eine direkte Beziehung zu Geld, Ruhm und Besitz hat. Er gehört auch zum fixen Kreuz, das die praktische und konkrete Persönlichkeit des Zeichens widerspiegelt, aber manchmal ablehnend sein kann. Der Stier hat eine liebevolle, dankbare und sehr verständnisvolle Natur. Sein Charakter ist langsam, entschlossen, großzügig und liebevoll. Er baut seine eigene Stärke und Stabilität auf, um sich in der materiellen Welt zu verankern. Er ist gut im Umgang mit Finanzfragen und glaubt an die Selbstversorgung.

Zwillinge

Die Zwillinge sind das dritte Sternzeichen, dessen Symbol die Dualität einer Person anzeigt. Die Schlüsselwörter für dieses Zeichen sind Flexibilität, Anpassungsfähigkeit und Gleichgewicht. Menschen, die unter diesem Zeichen geboren sind, sind schnell darin, Situationen zu analysieren und sich an sie anzupassen und geben positive Energie ab. Sie können aufgrund ihrer doppelten Natur schwer zu verstehen sein und sind eine Inspiration für andere.

Die Zwillinge eignen sich für Arbeiten im Zusammenhang mit Produkten und Dienstleistungen, sind gut im Verkaufen und regieren das dritte Haus. Sie werden von dem Planeten Merkur regiert und gehören dem Element Luft an und teilen sich ein bewegliches Kreuz. Sie sind neugierig und kommunikativ, haben eine große Lernfähigkeit und passen sich leicht an die Umwelt an.

Das gegensätzliche Zeichen zu den Zwillingen im Tierkreis ist der Schütze. Beide zeigen eine gegensätzliche Polarität, arbeiten aber komplementär zusammen. Die Zwillinge repräsentieren das Grundlernen, während der Schütze hohe Lernfähigkeit repräsentiert. Die Zwillinge sind leicht in die Welt integrierbar, während der Schütze analysiert, denkt, führt und sich die Zeit nimmt, um zu handeln. Beide sind kompatibel miteinander und ergeben zusammen einen Sinn. Die Zwillinge regieren Hände, Arme, Finger und sind mit Lungen verbunden. Sie sind in der Lage, ihre Wünsche durch ihre Anstrengungen und

Kommunikation zu erreichen. Im Allgemeinen sind die Zwillinge ein dynamisches, anpassungsfähiges und neugieriges Sternzeichen mit einer starken Lern- und Kommunikationsfähigkeit.

Krebs

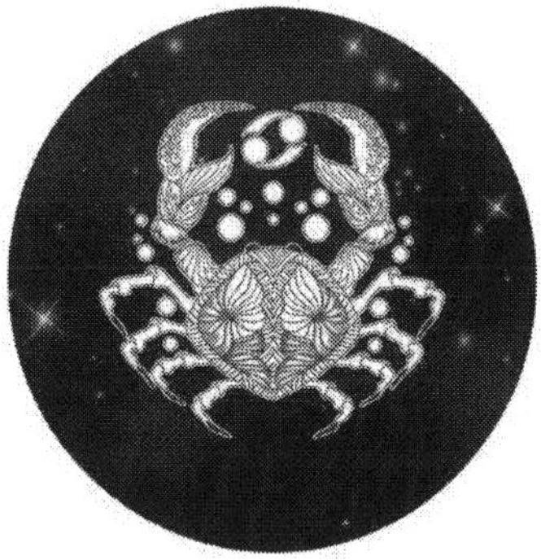

Der Krebs ist das vierte Sternzeichen und wird vom Mond regiert. Es ist mit dem Element Wasser verbunden. Eine Person, die unter diesem Zeichen geboren ist, hat eine starke Identität und ein starkes Bedürfnis, eine willkommene und sichere Umgebung für sich selbst und andere zu schaffen. Der Krebs ist sehr sensibel und emotional, aber auch assertiv und beschützend. Er liebt es, in der Vergangenheit zu versinken, hat aber auch einen praktischen Ansatz für die Zukunft. Der Krebs regiert das vierte Haus, das mit der Familie und dem Zuhause zusammenhängt und dessen Persönlichkeit durch den Mond beeinflusst wird, der für Veränderungen und Schwankungen steht.

Das Symbol des Krebses ist der Krebs, der die aufmerksame und beschützende Natur dieses Zeichens repräsentiert. Eine Person des Krebses hat ein hohes Potenzial für Erfolg im Beruf, insbesondere in Bereichen wie Familie, Zuhause und Sozialarbeit. Das gegensätzliche Zeichen zum Krebs im Tierkreis ist der Steinbock, die zusammen ein Gefühl von Sicherheit und gegenseitiger Identität schaffen. Der Krebs regiert die Brust im menschlichen Körper und dessen Persönlichkeit wird durch Sensibilität und Emotionen gekennzeichnet. Im Allgemeinen ist die Person des Krebses selbstverantwortlich für die Gesellschaft, sehr talentiert in der Führung von Familienangelegenheiten und engagiert im sozioökonomischen Wohl. Schlüsselwörter für den Krebs sind Sensibilität und Emotionen.

Löwe

Der Löwe ist das fünfte Sternzeichen und wird von der Sonne regiert. Es ist mit dem fünften Haus der Kreativität und Selbstausdruck verbunden. Sein Symbol, der Löwe, repräsentiert Führung und Macht. Menschen, die unter diesem Zeichen geboren sind, haben eine dominante und fordernde Persönlichkeit, aber öffnen sich schwer gegenüber anderen. Sie sind intelligent und ehrgeizig und suchen immer nach persönlicher Entwicklung. Der Löwe ist dem Wassermann gegenübergestellt, ein Zeichen, das mit Freundschaft und Gruppenbeziehungen verbunden ist. Beide sind kompatibel und ergänzen sich in ihren täglichen Aktivitäten. Der Löwe gehört auch zur Dreifaltigkeit des Feuers und ist dadurch stabiler und konzentrierter auf seine Ziele. Er hat eine großzügige, aber auch wechselhafte Persönlichkeit und liebt es, im Mittelpunkt der Aufmerksamkeit zu stehen. Leider ist seine Schwäche Egoismus und Arroganz, die auftreten können, wenn er ignoriert wird. Im Allgemeinen führt er ein luxuriöses und materialistisches Leben und unterscheidet sich in der Gesellschaft durch seine Kreativität und Vitalität.

Jungfrau

Das Sternzeichen der Jungfrau ist das sechste in der Zodiac-Reihenfolge und repräsentiert durch eine junge Jungfrau ein Symbol für Reinheit und Perfektion. Regiert von dem Planeten Merkur und verbunden mit dem sechsten Haus, sind die Jungfrau-Geborenen bekannt für ihren analytischen Verstand und die Fähigkeit, effektiv zu organisieren. Sie sind geschickte Kommunikatoren und in der Lage, andere mit ihrem persönlichen Charme zu überzeugen und erfolgreich im Team zu arbeiten. Als ein bewegliches Erdzeichen ist die Jungfrau aktiv im sozialen Engagement und glänzt in Bereichen wie Information und Technologie. Im Gegensatz dazu steht das Zeichen der Fische, welches die praktische Herangehensweise der Jungfrau mit Emotionen ausgleicht. Die Verbindung der Jungfrau mit dem sechsten Haus kann auf eine Tendenz zu Gesundheitsproblemen hinweisen, die die Karriere und Arbeit beeinflussen können.

Die Jungfrau ist bekannt für ihre kritische Natur und ihren analytischen Verstand, was sie immer neugierig und auf der Suche nach neuen Informationen hält. Diese Natur kann jedoch andere stören, insbesondere wenn sie sich nicht verstanden fühlt. Die Jungfrau ist auch sehr auf die Gesundheit ihres Darmes und ihrer Verdauung achtsam. Trotzdem ist sie mit einem scharfen Gedächtnis und Talent ausgestattet. Manchmal kann sie ungeduldig und egoistisch werden, wenn sie es nicht schafft, andere zu überzeugen. Im Allgemeinen hat die Jungfrau eine faszinierende Persönlichkeit.

In Bezug auf die Karriere kann die Jungfrau erfolgreich in jedem Bereich arbeiten, sowohl im Beruf als auch im Unternehmertum. Sie ist besonders begabt in Teamarbeit und im Bereich der Technologie. Sie nimmt Aufgaben effizient an und arbeitet hart, um sie abzuschließen.

Waage

Waage ist das siebte Zeichen im Tierkreis und wird durch das Symbol einer Waage dargestellt, das für das Gleichgewicht im Leben steht. Es wird von dem Planeten Venus regiert und ist dem sechsten Haus zugeordnet. Es gehört zur männlichen Triplizität der Luft. Waage-Geborene sind fürsorglich und verstehen andere gut, aber auch fleißig. Sie bevorzugen unterschiedliche Arbeitsumgebungen, können jedoch keine übermäßige Arbeitsbelastung ertragen. Sie haben eine schüchterne Persönlichkeit und bevorzugen es, still zu sein. Waage befindet sich in der Mitte des Tierkreises und das gegenüberliegende Zeichen ist Widder. Zusammen bilden sie eine starke Union und eine perfekte Ehe. Waage ist besonders durch ihre Anmut, Freundlichkeit und Sinn für Gerechtigkeit bekannt. Sie zeigen ihre Gefühle nicht gerne und vermeiden Konflikte. Der passive Aggression ist ihre einzige Schwäche.

In Bezug auf Karriere kann die Waage Schwierigkeiten haben, einen beruflichen Weg zu wählen. Obwohl ihr Symbol das Gleichgewicht darstellt, kann sie oft Erfolg in künstlerischen Bereichen finden. Sie kann auch in der Justiz eine hervorragende Rolle spielen.

Skorpion

Der Skorpion ist das achte Zeichen im Tierkreis und wird durch das Symbol eines Skorpions dargestellt, einer gefährlichen Kreatur. Skorpion-Geborene haben eine mutige und geheimnisvolle Persönlichkeit und sind sicher in ihren Entscheidungen und ihrer Arbeit, werden jedoch oft von anderen missverstanden. Sie sind in der Lage, die Arbeit präzise auszuführen, besitzen einen aufmerksamen Verstand und unfehlbare Konzentration, neigen jedoch dazu, ihre Gefühle zu verbergen. Der Skorpion gehört zum achten Haus, wird von dem Planeten Mars regiert und ist dem fixen weiblichen Kreuz des Wasser-Elements zugeordnet. Es ist auch mit den Geschlechtsorganen, der Nase und dem Harn- und Verdauungstrakt verbunden. Der Skorpion ist in der Lage, Projekte mit Selbstsicherheit und Selbstkontrolle abzuschließen und kann als Teamleiter fungieren. Das gegenüberliegende Zeichen ist ein Stier, mit dem er eine gewisse Kompatibilität hat. Der Skorpion ist zurückhaltend und entschlossen, kann jedoch manchmal manipulativ, intolerant und eifersüchtig auf andere sein.

In Bezug auf berufliche Perspektiven bevorzugt der Skorpion Arbeit in einem Bereich, in dem er unabhängig arbeiten kann. Der psychologische Bereich ist am besten geeignet. Insgesamt hat er eine starke Persönlichkeit und arbeitet hart.

Schütze

Der Schütze ist das neunte Zeichen im Tierkreis und wird dem neunten Haus und der Feuertriplizität zugeordnet. Regiert von dem Planeten Jupiter, sagt man, dass Menschen, die in diesem Zeichen geboren sind, besonders glücklich sind. Der Schütze zeichnet sich durch seine Konzentration auf Ziele und seine Tendenz, immer in die Zukunft zu blicken, aus. Er gilt als guter Philosoph und als optimistische und begeisterte Person. Allerdings kann er manchmal impulsiv sein und hält sich nicht immer an seine Verpflichtungen. Physisch ist der Schütze mit dem Bereich der Oberschenkel des Körpers verbunden und es wird angenommen, dass Jupiter die Leber kontrolliert.

Der Schütze liebt Sport und körperliche Aktivitäten, kann jedoch faul sein. Um Erfolg zu haben, sollte er sich auf eine einzige Richtung konzentrieren und seine Energie nicht in zu viele Bereiche verteilen. Er ist eine sehr kreative und idealistische Person, die die Künste und die Kultur liebt und immer neugierig auf neue Dinge ist. Das neunte Haus ist mit Fernreisen verbunden, daher könnte er dazu neigen, im Ausland zu reisen. Er ist nicht immer gut darin, Beziehungsverpflichtungen zu handhaben, aber er ist ein treuer Freund. Im Allgemeinen ist der Schütze eine ambitionierte und leidenschaftliche Person, die immer versucht, sich selbst zu verbessern und zu wachsen.

Steinbock

Das zehnte Zeichen im Tierkreis ist dem Steinbock, dem zehnten Haus und der Erdelement-Triplizität zugeordnet. Regiert von dem Planeten Saturn ist der Steinbock durch eine konkrete Persönlichkeit, Intelligenz und Organisationstalent gekennzeichnet. Das Symbol des Steinbocks ist der Ziegenbock, welcher seine Tendenz repräsentiert, Ziele schrittweise und mit Entschlossenheit und Geduld zu erreichen.

Der Steinbock ist besonders an dem Aufbau seiner Karriere und dem Erhalt der finanziellen Stabilität interessiert. Er kann jedoch zurückhaltend sein und nicht immer bereit sein, seine Probleme mit anderen zu teilen. Physiologisch sind Knie, Haut und Zähne durch den Planeten Saturn beeinflusst.

Der Steinbock ist das gegensätzliche Zeichen des Krebses, aber beide teilen einige Eigenschaften wie die Fähigkeit, Geschäfte zu führen und intelligente Einsichten. Der Steinbock benötigt jedoch mehr Disziplin und Erfahrung, um das Leben effektiv zu meistern. Er ist eine fleißige und erfolgreiche Persönlichkeit, die eine Führungsposition, ein Geschäftsmann oder ein Vorbildangestellter sein kann. Manchmal kann er unter dem Einfluss eines anderen Planeten kalt und distanziert werden. Insgesamt ist der Steinbock eine gut disziplinierte und bestimmte Persönlichkeit, die bestrebt ist, ihre Ziele zu erreichen.

Wassermann

Der Wassermann ist das elfte Zeichen im Tierkreis, regiert von Saturn und dem festen Luftzeichen zugeordnet. Sein Symbol ist eine Frau, die Wasser aus einem Krug gießt, was seine humanitäre und fürsorgliche Natur repräsentiert. Der Wassermann gilt als Kontrolleur der Glätte und der Knöchel, aber in der modernen Astrologie wird auch angenommen, dass er von Uranus regiert wird, was ihn unstabil macht.

Der Wassermann ist gut in Beziehungen, treu und hat einen gewissen emotionalen Abstand. Er ist dem elften Haus zugeordnet, das mit Gruppenaktivitäten und Freunden verbunden ist. Er ist eine nachgiebige, humanitäre und lehrreiche Person, kann jedoch Probleme mit der Produktivität haben und neigt dazu, faul zu sein. Trotzdem hat er viel Erfolg in seiner Karriere und kann in jedem Bereich erfolgreich sein, sowohl aufgrund seiner Kommunikationsfähigkeiten als auch aufgrund seiner Selbstkontrolle. Seine schwachen Punkte sind sein unsteter Verstand und emotionale Distanz. Insgesamt ist der Wassermann eine gesellige und fürsorgliche Person, die weiß, wie man Leute unterhält und zuhört.

Fische

Die Fische sind das letzte Zeichen im Tierkreis und werden dem zwölften Haus zugeordnet. Traditionell werden sie von dem Planeten Jupiter regiert, aber auch mit dem Planeten Neptun verbunden. Menschen, die in diesem Zeichen geboren sind, gelten als anspruchslos, spirituell und selbstlos. Das Symbol, die flüchtigen Fische, repräsentiert ihre schwer enttäuschbare Natur und ihr tiefes Verständnis.

Die Fische gehören der Wasser-Triplizität an und gelten als zuverlässig und ehrlich. Sie haben eine starke Entschlossenheit und zeigen großes Interesse an spirituellen Aktivitäten. Physiologisch kontrollieren die Fische die Füße. Sie sind auch emotional und intuitiv und können sich leicht an die Umgebung anpassen. Sie können Idealisten und Lehrer sein und lieben die Natur. Ihr Schwachpunkt ist, dass sie manchmal Probleme vermeiden und sich leicht verletzen. Das Gegenteil der Fische im Tierkreis ist die Jungfrau, basierend auf komplementären Prinzipien. Die Fische haben den Vorteil, schön und großzügig gegenüber der Welt zu sein, was ihnen hilft, in jedem Bereich Fuß zu fassen.

Existiert ein 13. Sternzeichen?

In diesem Kapitel haben wir die zwölf traditionellen Tierkreiszeichen und ihre Position im Tierkreisrad untersucht. Es gibt jedoch eine offene Frage bezüglich der Existenz eines dreizehnten Tierkreiszeichens, bekannt als Schlangenträger oder Ophiuchus. Dieses Zeichen befindet sich zwischen Skorpion und Schütze und wird mit der gleichnamigen Konstellation in Verbindung gebracht und steht für Kraft und Einheit. Die Eigenschaften dieses Zeichens umfassen Impulsivität, Spiritualität und Intelligenz.

Das Symbol ist ein Mann, der eine Schlange hält, welches seine neugierige, leidenschaftliche und zugängliche Natur darstellt. Es wird gesagt, dass Menschen, die unter diesem Zeichen geboren sind, über eine starke Fähigkeit verfügen, Informationen zu sammeln und eng mit ihrer Familie verbunden sind. Es gibt jedoch kein gegensätzliches Zeichen, das den Schlangenträger oder Ophiuchus beeinflussen kann, im Gegensatz zu den anderen zwölf Tierkreiszeichen.

Obwohl einige Astrologen den Schlangenträger oder Ophiuchus als Tierkreiszeichen akzeptieren, betrachten andere ihn nur als Konstellation und halten ihn daher für unbedeutend, da er keinen Einfluss auf astrologische Vorhersagen und das tägliche Leben hat. Es ist wichtig zu beachten, dass die Akzeptanz des Ophiuchus als Tierkreiszeichen nicht allgemein akzeptiert ist unter Astrologen.

Kapitel 5: Die astrologischen Häuser

Das Konzept der astrologischen Häuser.

In der Astrologie entspricht ein Haus im Allgemeinen einer Uhr. Der Tierkreis besteht aus zwölf Häusern, die gleichmäßig aufgeteilt sind und von einem bestimmten Sternzeichen und einem bestimmten Planeten regiert werden, der in das Haus fällt. Er dreht sich entgegen dem Uhrzeigersinn. In der indischen Astrologie ist es als Bhavas bekannt. Das erste Haus erscheint bei 90 Grad von der Position der neun Uhr, die als Osthorizont bezeichnet wird und wird als Aszendent bezeichnet. Im Gegensatz dazu befindet sich das siebte Haus in der Position der drei Uhr, die den westlichen Horizont darstellt und als Deszendent bezeichnet wird. Es bewegt sich nach dem Prinzip, dass die Sonne im Osten aufgeht und im Westen untergeht. Jedes Haus hat also seinen Platz im Tierkreis und deckt einen Bereich von 30 Grad ab. Das folgende Bild verdeutlicht diesen Begriff besser:

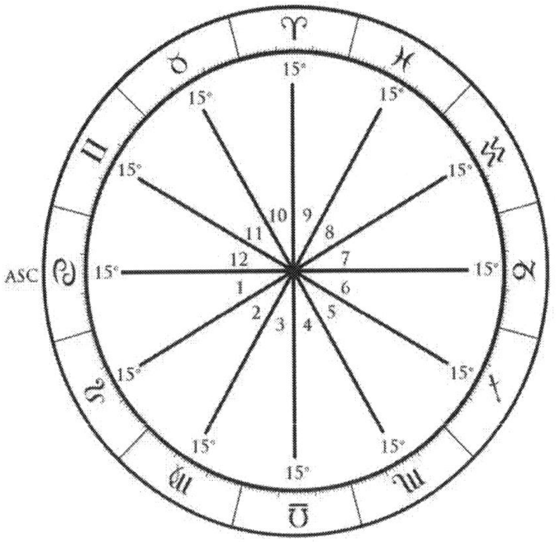

Abbildung: Illustration der astrologischen Häuser und ihrer Aufteilung

Die Mittagposition des Tierkreises repräsentiert den Beginn des zehnten

Hauses und wird als Medium Coeli (Mittelhimmel) bezeichnet. Im Gegensatz dazu befindet sich um 6 Uhr das Imum Coeli. Der Tierkreis prognostiziert auch die Bildung des Nord-, Süd-, Ost- und Westhorizonts. Der Astrologe prognostiziert das Haus einer Person, indem er die Geburtszeit und das Geburtsdatum kennt. Jedes Haus zeigt den Charakter und die Beziehung einer Person zum betreffenden Planeten an.

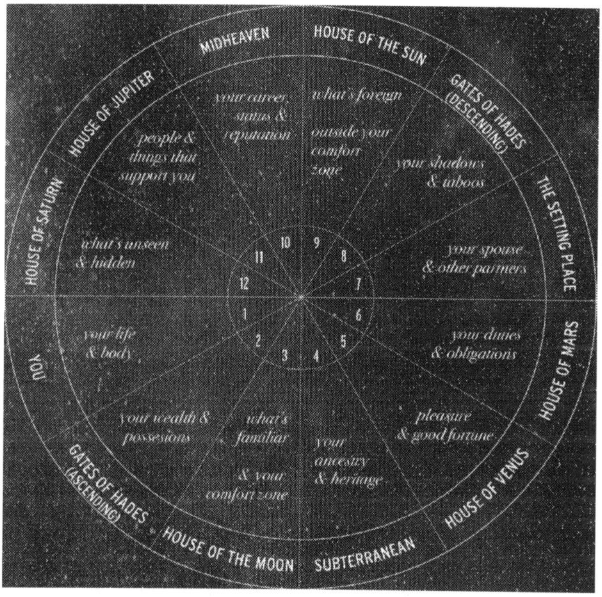

Abbildung: Die zwölf Häuser

Was sind die Aszendenten?

Aszendenten beziehen sich auf das Sternzeichen, das am Osthorizont im Tierkreis aufsteigt, basierend auf der Geburtszeit und dem Geburtsort. Man glaubt, dass der Aszendent das körperliche Erscheinungsbild einer Person widerspiegelt und in der Astrologie eine bedeutende Rolle spielt. Der Aszendent bestimmt das Sternzeichen und die entsprechenden herrschenden Planeten, die auch den Charakter einer Person beeinflussen. Viele Astrologen betrachten den Aszendenten oder den

Aszendentenhorizont als ebenso mächtig wie die Sonne.

Wie berechnet man die Aszendenten?

Astrologische Aszendenten können berechnet werden als

$\lambda = \arctan(x/y) = (-\cos\theta L/\sin\theta L + \tan\theta \sin \varepsilon)$

θL ist die Ortszeit in Grad und ε bezieht sich auf die Eigenbewegung der Erde.

Wir nehmen den Wert von ε 23,4492911°

Wenn der Aszendent <180° ist,

dann wird er gleich dem Aszendenten + 180° sein

Und wenn $x<\theta$,

dann wird der Aszendent gleich dem Aszendenten + 360° sein.

Zusätzlich verwenden moderne Astrologen, um den Wert des Aszendenten zu berechnen, Software, um ihn genauer zu machen. Das nachstehende Diagramm macht es klarer.

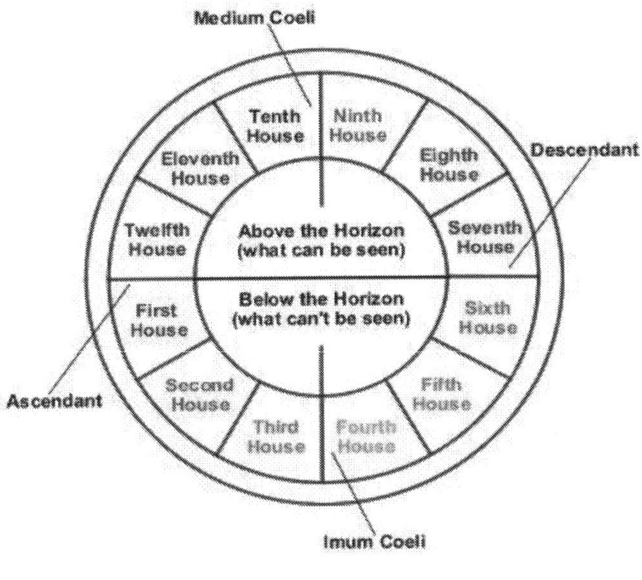

Abbildung: Das Bild zeigt die Position des Aszendenten, Medium Coeli, und des Deszendenten, Imum Coeli.

Auswirkungen der Aszendenten

Es gibt viele Faktoren, die den Aszendenten einer Person beeinflussen können. Der Osthorizont gilt als besonders mächtig, da er der Sonne ähnelt, die im Osten aufsteigt. Der Aszendent hat einen direkten Einfluss auf die Persönlichkeit einer Person und das erste Haus gilt als unter seinem Einfluss stehend. Wenn der Aszendent jedoch in einem rückläufigen Zeichen steht, kann er die Kraft des gegenüberliegenden Zeichens schwächen.

Der Aszendent und die Beziehungen zwischen den Planeten

Die Planeten haben eine direkte Beziehung zu den Aszendenten. Das Tierkreiszeichen des Aszendenten wird vom herrschenden Planeten reguliert. Sie haben die gleiche Bedeutung wie der Planet selbst. Das wird durch die folgenden Aspekte deutlicher: Wenn das Tierkreiszeichen des Aszendenten Löwe ist, wird ihr herrschender Planet die Sonne sein und somit der herrschende Planet in der Karte. Der Planet, der am nächsten zum ersten Haus steht, wird oft als Aszendenten-Planet betrachtet und hat eine grundlegende Bedeutung in der Karte. Wenn der Planet jedoch im direkten Konjunktionsaspekt zum Aszendenten steht, wird er für die Persönlichkeit des Individuums von großer Bedeutung sein. Der Aszendent hat eine direkte Verbindung zum Planeten.

Die Aspekte

Aspekte beziehen sich auf die Winkelbeziehungen zwischen den Planeten und helfen dabei, den Verlauf der Energie zu beschreiben. Ein Astrologe interpretiert ein Geburtshoroskop, indem er die Position eines Planeten in einem bestimmten Zeichen und Haus berücksichtigt und auch die Beziehung zwischen zwei Planeten vorhersagt. Aspekte können aus dem Grad der Planeten berechnet werden und werden wie folgt beschrieben:

- Konjunktion: repräsentiert 0 Grad und zeigt die mächtige Kombination der Energien von Planeten, die denselben Grad im Zeichen teilen. Auch Aspekte des ersten Hauses können als Konjunktion betrachtet werden, da der Planet in Konjunktion im selben Haus steht. Ihre Energien verschmelzen miteinander und zeigen ihre gegenseitigen Vorteile für eine Person.

- Sextil: repräsentiert einen Winkel von 60 Grad und zeigt Chancen, Erfahrungen und Produktivität. Es entsteht, wenn der Planet bei 60 Grad steht. Das Sextil hat eine ähnliche Beziehung wie die Art 3 zu 11 Zum Beispiel, wenn Merkur bei 15 Grad des Stiers und Mars bei 15 Grad des Krebses steht, wären sie als Sextilaspekt betrachtet, da Mars in dem dritten Haus von Merkur in dem elften Haus steht. Es wird erwartet, dass sie sich gegenseitig beeinflussen und mit Kommunikation, Gruppentätigkeiten etc. verbunden sind.

- Quadrat: repräsentiert einen Winkel von 90 Grad und zeigt Potenzial, Herausforderungen, einen konstruktiven Zeitraum und Konzentration. Es entsteht mit dem Planeten bei 90 Grad. Das Zeichen, das in dasselbe Kreuz fällt, wird als Quadrataspekt betrachtet. Es wird auch als Beziehung der Art 4 zu 10 betrachtet, in der der Planet entweder im vierten oder im zehnten Haus steht.

- Trigon: repräsentiert ungefähr 120 Grad und zeigt Kreativität, Visionen, leichten Fluss, Zusammenarbeit und Erfahrungen. Die Zeichen in diesem Aspekt gehören zu denselben Elementen. Das Trigon hat Beziehungen der Art 5 und 9, die dieselben Qualitäten teilen.

- Quincunx: repräsentiert einen Winkel von 150 Grad und repräsentiert die Möglichkeit, Widersprüche zu assimilieren und die Macht der Verwandlung, um sich dem idealen und realen Leben anzupassen. Dieser Aspekt betrifft auch das sechste und achte Haus, die Dienstleistungen, Gesundheitsprobleme, Verpflichtungen und Schulden einschließen können. Manchmal kann sich der Quincunx offensichtlich in einem Menschenleben manifestieren.

- Opposition: repräsentiert einen Winkel von 180 Grad und zeigt den Konflikt zwischen zwei gegensätzlichen Energien. Dieser

Aspekt fördert das Gleichgewicht und die Integration von objektiven Gedanken.

Die Zwölf Häuser

Das erste Haus

Das erste Haus ist mit dem Zeichen Widder assoziiert und vom Planeten Mars reguliert. Es gilt als selbstbezogenes Haus und wird auch als das Haus des Aszendenten bezeichnet, da es am östlichen Horizont zum Zeitpunkt der Geburt aufsteigt und unsere Identität und eine charakteristische Persönlichkeit widerspiegelt. Dieses Haus hat eine direkte Beziehung zum körperlichen Aspekt des Körpers einer Person. Der im ersten Haus befindliche Planet verleiht große Kraft und Bedeutung. Es ist auch als Regent der Kindheit bekannt. Das erste Haus verwirklicht das Potenzial einer Person und trägt zum Prozess bei, eine bessere Person zu werden. Ein starkes Haus verleiht der gesamten Astrologie Kraft und verbessert auch die allgemeine Qualität. Es besteht kein Zweifel daran, dass Schwäche im ersten Haus die Idee umkehren kann.

Das zweite Haus

Das zweite Haus wird vom Sternzeichen des Stiers und dem Planeten Venus regiert. Dieses Haus wird auch als Haus der Besitztümer beschrieben. Die Gefühle einer Person, ihre Emotionen, die Fähigkeit zur Selbstverwirklichung, Wünsche und Bedürfnisse werden alle vom zweiten Haus beeinflusst. Die Besitztümer des zweiten Hauses können dazu beitragen, das Leben zu verbessern. Alles, was wir verdienen, erhalten, investieren und besitzen, wie Autos, Kleidung usw., gehört dem zweiten Haus. Die Finanzfähigkeiten einer Person werden vom zweiten Haus beeinflusst. Der damit verbundene Planet steuert die Sprache und das Wissen. Auch finanzielle Überlegungen können vom zweiten Haus beeinflusst sein. Dieses Haus ist auch mit materiellem Wohlstand verbunden.

Das dritte Haus

Das dritte Haus, welches dem Sternzeichen der Zwillinge zugeordnet ist, ist als das Haus der Kommunikation bekannt. Hier finden sich unsere täglichen Aktivitäten, die Routine, Reisen und die Kommunikation mit unseren Verwandten wieder. Es ist auch das Haus, das unsere Fähigkeit repräsentiert, mit der Umwelt und den Menschen um uns herum zu interagieren. Menschen, die diesem Haus zugeordnet sind, haben oft eine starke Intelligenz und einen analytischen Ansatz. Der Planet Merkur regiert dieses Haus und seine rückläufige Bewegung kann manchmal Verzögerungen oder Hindernisse verursachen. Unsere Bildung, Fähigkeiten und Kommunikation werden alle von dem dritten Haus beeinflusst. Es ist auch hier, wo unsere spirituelle und mentale Verbindung liegt. Das dritte Haus ist auch bekannt für seine große Fähigkeit zuzuhören.

Das vierte Haus

Das vierte Haus wird vom Planeten Mond und dem Sternzeichen des Krebses regiert. Es ist als das Haus der Familie bekannt und repräsentiert unsere Verbindung zum Ort, an dem wir leben und uns niederlassen können. Menschen, die diesem Haus zugeordnet sind, haben oft eine gut verwurzelte, egoistische und friedliche Persönlichkeit. Unsere körperlichen und psychologischen Aktivitäten werden vom vierten Haus beeinflusst. Es wird gesagt, dass dieses Haus auch zum analytischen Ansatz und zur individuellen Persönlichkeit beiträgt. Das vierte Haus ist auch mit der physischen Struktur und dem Immobilienmarkt verbunden. Es repräsentiert auch die Verbindung zwischen unserem Zuhause und unserem individuellen Leben.

Das fünfte Haus

Das fünfte Haus ist dem Sternzeichen des Löwen zugeordnet und wird von der Sonne gesteuert. Es repräsentiert Kreativität, innere Zuversicht, Führungsqualitäten und Selbstverwirklichung. Es ist auch mit Vergnügen im Leben einer Person verbunden, einschließlich Kinder als Quelle des Vergnügens. Das fünfte Haus ist reich an finanziellem Vergnügen und kann als Kontrolleur unserer Hobbys betrachtet werden. Es kann jedoch auch mit Glücksspiel in Verbindung gebracht werden, was zu finanziellen Risiken führen kann. Das fünfte Haus bietet auch persönliche Befriedigung und wird oft als "das menschliche Gesicht" bezeichnet.

Das sechste Haus

Das sechste Haus ist mit Gesundheit verbunden und entspricht dem Sternzeichen der Jungfrau, gesteuert vom Planeten Merkur. Es ist verantwortlich für die gute Gesundheit einer Person und kann mit finanziellen Verlusten, Gesundheitsproblemen und Schicksalswendungen in Verbindung gebracht werden. Das sechste Haus befasst sich auch mit unseren moralischen Pflichten und hauptsächlichen Verantwortungen und repräsentiert die Qualität der Arbeit und Dienste. Es lehrt uns die Wichtigkeit von Arbeit und Diensten für die persönliche Entwicklung und hilft uns, körperliche Kraft zu behalten. Der Planet und das Sternzeichen, die dem sechsten Haus zugeordnet sind, können jedoch auch Probleme bei der Arbeit erfahren. Darüber hinaus ist das sechste Haus mit der Bedeutung von Hygiene verbunden.

Abbildung: Die Abbildung zeigt die Position der Häuser und ihre Vorhersagen

Das siebte Haus

Das siebte Haus ist oft mit dem Sternzeichen der Waage und regiert vom Planeten Venus verbunden. Es gilt als das Haus der Partnerschaft und bezieht sich auf Eheangelegenheiten sowie Partnerschaften im Geschäft und rechtlichen Angelegenheiten. Das siebte Haus wird von dem Schlüsselwort "Zusammenarbeit" regiert und repräsentiert den Wunsch, Beziehungen zu verbessern und den Lebensstil einer Person durch Partnerschaften zu verbessern. Es kann jedoch auch Trennungen und gescheiterte Beziehungen darstellen. Der regelnde Planet und das Sternzeichen des siebten Hauses zeigen die Erfahrung in Beziehungen und den praktischen Umgang mit Partnerschaften. Manchmal kann das siebte Haus auch Hindernisse und Feinde im Leben einer Person schaffen. In jedem Fall kann das siebte Haus wichtige Lektionen sowohl in positiven als auch in negativen Momenten lehren.

Das achte Haus

Das achte Haus ist mit dem Sternzeichen Skorpion und den Planeten Mars und Pluto verbunden. Es repräsentiert die tiefsten Aspekte des Lebens, wie Tod, Sexualität und Geld. Manchmal kann der Planet des achten Hauses Schwierigkeiten verursachen. Es kann jedoch auch positiv auf Karriere und neue Beziehungen einwirken. Das achte Haus erkennt die Bedeutung von Tod und Wiedergeburt, die Erfahrungen sind, die jeder von uns im Leben durchmacht. Es befasst sich auch mit der körperlichen Verbindung, finanzieller Unterstützung und spiritueller Verbindung innerhalb einer Beziehung. Es befasst sich auch mit der Verwaltung unserer Beziehungen, unserer Interaktion mit anderen und unserer Persönlichkeit innerhalb einer Beziehung. Auf der schlechten Seite kann es jedoch zu Phobien und Tragödien im Leben einer Person führen.

Das neunte Haus

Das neunte Haus, verbunden mit dem Sternzeichen Skorpion und regiert vom Planeten Jupiter, gilt als das Haus des Philosophen. In der Astrologie wird das neunte Haus oft mit Themen wie Bildung, Religion, Reisen und ethischen Werten in Verbindung gebracht. Dieses Haus kann auch mit Angelegenheiten im Zusammenhang mit dem Import und Export von Dienstleistungsgütern verbunden sein. Das neunte Haus repräsentiert auch das Verständnis von Theorien und das Streben nach einer großen Welt durch Lernen und Philosophie. Auf der negativen Seite kann das neunte Haus jedoch auch mit Gier und nutzlosen Ambitionen in Verbindung gebracht werden.

Das zehnte Haus

Das zehnte Haus, verbunden mit dem Sternzeichen Steinbock und regiert vom Planeten Saturn, gilt als das Haus des sozialen Ranges. In der Astrologie wird das zehnte Haus oft mit Themen wie beruflichen Ambitionen, Erfolg und Beförderungen im Leben in Verbindung gebracht. Dieses Haus repräsentiert auch unsere Rolle innerhalb eines Teams oder einer Gemeinschaft und wie wir uns mit unseren Kollegen verhalten. Es kann auch mit der Selbstidentität und dem sozialen Rang in Verbindung gebracht werden. Es deutet auch an, welche Art von Beruf am besten zu uns passt, basierend auf unserer Natur und unseren Ambitionen.

Das elfte Haus

Das elfte Haus, verbunden mit dem Sternzeichen Wassermann und regiert von Uranus und Saturn, ist das Haus der Freundschaft und beschäftigt sich mit unseren Hoffnungen und Wünschen. Dieses Haus befasst sich auch mit unserem Gewinn und spiegelt unsere Fähigkeit wider, Reichtum durch soziale Netzwerk- und Organisationsaktivitäten zu generieren. Es zeigt uns auch unser Schicksal und gibt uns den Lohn für unsere harte Arbeit. Kommunikationsbemühungen und Perspektiven verbessern unser Leben und konzentrieren sich auf unseren Alltag. Das elfte Haus wird auch als "Arbeitstier" bezeichnet, da es unsere kreativen Ideen und unsere Hingabe an Projekte repräsentiert. Es ist auch mit angenommenen Kindern verbunden und beschäftigt sich mit Freundschaftszielen und Aktivitäten, um Erfolg im Leben zu erlangen. Auf der negativen Seite kann die Manifestation des elften Hauses jedoch zu einem Grad von Egoismus führen.

Das zwölfte Haus

Das zwölfte Haus, verbunden mit dem Sternzeichen Fische und regiert von Jupiter und Neptun, ist als das "unbewusste Haus" bekannt. Es beschäftigt sich mit Spiritualität und Opferbereitschaft sowie Themen wie Empathie, Verwirrung und emotionaler Sensibilität. Dieses Haus ist auch mit Begriffen wie "Unglück", "Rückzug", "Verlust" und "Feinden" verbunden. Es repräsentiert auch unser Schicksal und das Karma-Prinzip und befasst sich mit caritativer und institutioneller Arbeit. Es hilft uns auch, die Lektionen aus der Vergangenheit und Gegenwart zu lernen, um im Leben voranzukommen.

Die schwierigen Häuser

Laut moderner und alter Astrologie gelten einige Häuser als besonders schwierig. Diese Häuser sind die Nummern 6, 8 und 12. In jüngster Zeit wurde auch das Haus Nummer 3 als ein wenig problematisch angesehen. Diese Häuser werden als Ursachen von Krankheit, Tod, Verlust und anderen unerwünschten Umständen interpretiert. Allerdings wird das Haus Nummer 3 nicht als so problematisch angesehen und Astrologen betrachten es nicht als ein schwieriges Haus. Tatsächlich haben alle diese Häuser auch einige positive Aspekte. Wenn das Zeichen in diesen Häusern präsent ist, wird die Person sowohl Schwierigkeiten als auch Vorteile erleben. Es hängt jedoch von einigen einzigartigen Faktoren ab, die in das Haus involviert sind, ob der positive Aspekt gestärkt wird oder nicht. Der positive Aspekt kann die Wirkung der Negativität im Haus reduzieren. Häuser Nummer 8 und Nummer 12 bringen verschiedene psychologische Probleme mit sich, die direkt oder indirekt die Sensibilität und die spirituelle Tiefe beeinflussen.

Kapitel 6: Geteilte Dominanz der Planeten

In der Astrologie gelten die Planeten als die Herrscher der Tierkreiszeichen. Jedes Zeichen ist einem herrschenden Planeten zugeordnet und dieser Planet hat einen signifikanten Einfluss auf die Persönlichkeit und den Charakter einer Person. Manchmal wird ein Zeichen von mehreren Planeten regiert. In diesem Fall beeinflussen sich die Planeten gegenseitig durch eine "gegenseitige Empfangnahme". Beispielsweise wird der Skorpion sowohl von Pluto als auch von Mars regiert, während der Planet Merkur die Zeichen Zwillinge und Jungfrau regiert. In letzter Zeit haben die Planeten Merkur und Venus angefangen, mehr als zwei Zeichen zu regieren.

Wenn man ein Geburtshoroskop oder eine astrologische Karte studiert, ist es wichtig, auf die Regierungsteilung der Planeten und Zeichen zu achten. Der Planet, der das Ascendent-Zeichen (das Zeichen, das sich am linken Rand der Karte befindet) regiert, hat einen besonderen Einfluss auf die gesamte astrologische Karte. Allerdings haben auch die anderen Planeten und Zeichen einen Einfluss auf das Leben einer Person. Manchmal gibt es ein "Trio" von Planeten, das sind drei Planeten, die sich gegenseitig beeinflussen und einen erheblichen Einfluss auf das Leben einer Person haben. Im Allgemeinen ist es wichtig, die "Regierungsteilung" der Planeten und Zeichen zu berücksichtigen, um den astrologischen Einfluss auf eine Person vollständig zu verstehen.

In der modernen Astrologie, wenn eine Vorhersage über die Regentschaft des Planeten, des Zeichens und des Hauses im Geburtshoroskop gemacht wird, kann der Astrologe die Überschneidung von mehr als einem Planeten im Haus während der Transitbeobachtungen beobachten. In diesem Fall spricht man von einer unbeabsichtigten Regentschaft und das Zeichen wird von mehreren Planeten regiert, was eine Co-Regentschaft erzeugt. Um diese Dynamik zu verstehen, nutzt der Astrologe den Ascendenten als Referenzpunkt, um das Haus und die regierenden Planeten zu beobachten. Zum Beispiel, wenn das zweite Haus bei 0 Grad Ascendent (Stier) aufsteigt und der Ascendent bei 5

Grad Zwillinge ist, dann wird Venus der primäre Regent und Merkur der sekundäre Regent sein, was eine Co-Regentschaft erzeugt. In einem anderen Beispiel, wenn das vierte Haus bei 27 Grad Waage und das fünfte Haus bei 8 Grad Schütze ist, dann wird Venus der primäre Regent und Pluto, Mars und Jupiter die sekundären Regenten sein.

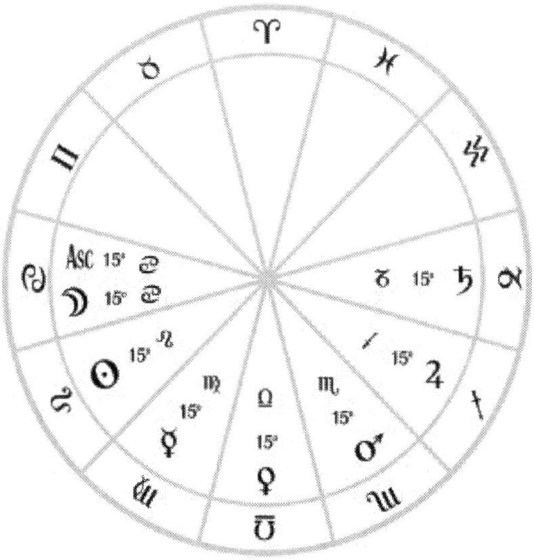

Abbildung: Eine astrologische Karte zeigt eine geteilte Herrschaft oder mehr als zwei Planeten im Haus.

Wenn ein Haus oder ein Zeichen von mehr als einem Planeten regiert wird, ist es möglich, die Komplexität im Haus zu beobachten. In diesem Fall muss das Zeichen in der Mitte des Hauses überschritten werden, bevor man zur Regentschaft des nächsten Hauses vordringt. Dies wird deutlich, wenn zum Beispiel ein Haus im Zeichen des Skorpions geschnitten ist. In diesem Fall wird das Geburtszeichen auch die Qualität des Waagezeichens aufweisen und Probleme wie sexuelle Unzufriedenheit oder Regenerationsbedürfnis ansprechen, bevor es die Vorteile von Jupiter nutzen kann. Hier sind einige Beispiele von Planeten, Zeichen und ihren geteilten Regentschaften, die eine klarere Vorstellung von geteilten Regentschaften und deren Auswirkungen auf das Leben des

Geborenen geben können:

Saturn regiert Steinbock und Wassermann. Auswirkungen: Beschränkungen, Glaube, Humanität, Überzeugungen, soziale Aktivitäten, körperliche Struktur, Sterilität.

Jupiter regiert Schützen und Fische. Auswirkungen: Wohlwollende Natur, Wohltätigkeit, Heilung, Glaube, spirituelle Verbindung, Fernreisen, psychologisches Verhalten, Überzeugungen.

Mars regiert Widder und Skorpion. Auswirkungen: Aggressivität, Leidenschaft, Ambitionen, Energiekonflikte, Zerstörungskraft, Macht, Stress, gierige Wünsche.

Venus regiert Stier und Jungfrau. Auswirkungen: Sensibilität der Sinnesnerven, Kreativität und Vergnügen, Sexualität und soziales Verhalten, Arbeitsintuitionen.

Merkur regiert Zwillinge und Jungfrau. Auswirkungen: Kommunikation, Analyse, Denkvermögen, geistige Krankheiten, Unterhaltungen, Nervenkrisen.

Kapitel 7: Die astrologischen Transite

Die Methode der astrologischen Transite ist ein wichtiger Bestandteil des Horoskops. Sie analysiert die aktuellen Bewegungen der Planeten, während diese sich ständig durch das Horoskop bewegen. Der Begriff "Transit" bezieht sich auf die Bewegung oder Position des Planeten innerhalb des Hauses oder des Tierkreiszeichens. Planeten kehren normalerweise nach einer gewissen Zeit zu ihrer ursprünglichen Position zurück. Der wichtigste Transit ist der von Jupiter und Saturn, die viel Zeit benötigen, um zu ihrer ursprünglichen Position zurückzukehren: Jupiter benötigt 12 Jahre, Saturn 30 Jahre. Diese Transitzeiten markieren einen neuen Beginn im Leben einer Person.

Die Interpretation der Transite

In Bezug auf die Interpretation von Transiten sind diese direkt mit den Umständen verbunden, die sich im Leben einer Person ereignen. Der Transit eines Planeten in der Geburtskarte impliziert auch die physiologische Entwicklung, die im Leben einer Person stattfindet und die Rolle, die sie in ihrem Leben spielt.

Ein Beispiel dafür wäre, wenn der Planet Jupiter und die Sonne sich in der gleichen Position in der Geburtskarte befinden, hätte die positive Wirkung des Planeten keinen Vorteil mehr, da die Energien der beiden Planeten aufeinandertreffen würden. Daher hat die Bewegung der Planeten in der Geburtskarte und ihre Rückkehr in das gleiche Zeichen einen positiven Einfluss und unterstützt die persönliche Entwicklung.

Es ist zu beachten, dass Transite von Planeten wie Sonne, Merkur, Venus, Mars und Mond nicht so bedeutend sind, da sie das Zeichen schneller durchlaufen und ihre Auswirkungen manchmal unbemerkt bleiben. Im Gegensatz dazu haben die Bewegungen von Planeten, die weiter entfernt sind wie Jupiter, Saturn, Uranus, Neptun und Pluto einen größeren Einfluss, da sie länger im Zeichen bleiben und ihre Auswirkungen immer offensichtlich sind, die sowohl positiv als auch negativ sein können. Die Untersuchung des Einflusses wird interessanter, wenn diese Planeten einen kardinalen Planeten besuchen.

Die folgende Tabelle zeigt die Auswirkungen des Transits:

Planet	Positive transit	Negative transit
Sun	3rd 6th 10th 11th	1st 2nd 4th 5th 7th 8th 9th 12th
Moon	1st 3rd 6th 7th 10th 11th	2nd 4th 5th 8th 9th 12th
Mercury	2nd 4th 6th 8th 10th 11th	1st 3rd 5th 7th 9th 12th
Jupiter	2nd 5th 7th 9th 11th	1st 3rd 4th 6th 8th 10th 12th
Mars	3rd 6th 10th 11th	1st 2nd 4th 5th 7th 8th 9th 12th
Saturn	3rd 6th 11th	1st 2nd 4th 5th 7th 8th 10th 12th
Venus	1st 2nd 3rd 4th 5th 8th 9th 11th 12th	6th 7th 10th
Ketu	3rd 6th 10th 11th	1st 2nd 4th 5th 8th 9th 12th
Rahu	3rd 6th 10th 11th	1st 2nd 4th 5th 7th 8th 9th 12th

Verschiedene Aspekte transitischer Planeten

Der transitorische Planet spielt eine bedeutende Rolle, wenn er einen Winkel zu anderen Planeten im Geburtshoroskop bildet. Die verschiedenen Aspekte können wie folgt vorhergesagt werden:

Transite der inneren Planeten

Die Transite der inneren Planeten werden oft von Astrologen unterschätzt, da die inneren Planeten schneller durch das Geburtshoroskop ziehen und ihr Einfluss geringer sein kann als der der äußeren Planeten. Allerdings können auch Transite der inneren Planeten einen gewissen Einfluss auf das Leben einer Person haben. Hier sind einige Beispiele für Transite der inneren Planeten und die Auswirkungen, die sie haben können:

• Transit der Sonne: Die Sonne bewegt sich durch ein Haus des Geburtshoroskops für einen oder zwei Tage. Dieser Transit kann Auswirkungen auf die Gesundheit und den Willen der Person haben und kann oft zu einem Anstieg der Kreativität führen.

• Transit des Mondes: Der Mond bewegt sich durch ein Haus des Geburtshoroskops für einige Stunden. Dieser Transit kann Auswirkungen auf die Stimmung und Gefühle der Person haben.

• Transit von Merkur: Merkur bewegt sich durch ein Zeichen für einen Tag oder höchstens zwei. Seine Rückläufigkeit kann Auswirkungen auf die Person haben, beeinflusst aber in der Regel die Konzentration und die Denkweise. Dies ist ein guter Zeitpunkt, um mit anderen zu kommunizieren. Wenn er zusammen mit dem Transit von Venus stattfindet, kann es ein unterhaltsamer Moment sein.

• Transit von Venus: Venus bewegt sich durch ein Zeichen für etwa zwei Tage. Dieser Transit beeinflusst das Vergnügen und die Liebe positiv. Im Allgemeinen kann es ein guter Zeitpunkt sein, um Spaß zu haben. Auch wenn er zusammen mit anderen Planeten stattfindet, hat er eine positive Auswirkung.

• Transit von Mars: Mars bewegt sich durch ein Haus in der Geburtskarte und beeinflusst den Heimatplaneten. Dieser Transit kann die Person energiegeladener machen und ihr ermöglichen, schwierige Aufgaben zu erledigen, aber es kann auch Spannungen verursachen und die Tendenz zur Wut und Reizbarkeit erhöhen. Wenn er zusammen mit dem Transit des Mondes stattfindet, kann er die Person im Alltag engagierter machen.

Transite der äußeren Planeten

Die Transite der äußeren Planeten gelten bei Astrologen als besonders wichtig, da diese Planeten lange in der Geburtskarte verweilen und einen erheblichen Einfluss auf die Person haben. Hier sind einige Beispiele für Transite der äußeren Planeten und die Auswirkungen, die sie auf eine Person haben können:

• Transit der Rückkehr von Jupiter: Während dieser Phase bewegt sich Jupiter durch ein Haus in der Geburtskarte für einen Monat und bringt Chancen für den Erfolg und die Verwirklichung der Träume mit. Es gibt jedoch auch negative Aspekte wie Pechperioden und Tendenzen zur Übertreibung.

• Transit von Jupiter: Nach 12 Jahren kehrt Jupiter in die Geburtskarte zurück und bringt eine Phase des Wachstums und der Entwicklung mit sich. Der erste Rückkehrtransit findet während der Pubertät statt, der zweite etwa mit 24 Jahren. In dieser Zeit bestehen viele Chancen für Erfolg und die Erreichung der Ziele.

• Transit von Saturn: Während dieser Phase bewegt sich Saturn durch ein Haus in der Geburtskarte für einen Monat oder zwei, was Einschränkungen der körperlichen Gesundheit und mögliche Depressionen mit sich bringt. Es kann jedoch auch ein Zeitpunkt sein, um die Zukunft zu planen und zu studieren.

• Transit der Rückkehr von Saturn: Saturn kehrt normalerweise nach 30 Jahren in das Geburtshoroskop einer Person zurück. Der erste Rücklauf ist möglicherweise mit 30 Jahren, in diesem Moment trifft eine Person Entscheidungen in Bezug auf Ehe und Zukunftspläne. Der nächste Rücklauf kann um 60 Jahre oder mehr sein, wo es darum geht, sich auf das Rentenalter vorzubereiten und sich selbst mehr Aufmerksamkeit zu schenken.

• Transit von Uranus: Es ist eine Zeit unerwarteter und plötzlicher Veränderungen im Leben, die unerwartete Wendungen in verschiedenen Situationen hervorrufen und neue Lebenswege eröffnen kann. Es ist eine Zeit der Kreativität, Wünsche und Erfindungen und auch die Möglichkeit, eine neue Beziehung einzugehen.

• Transit der Rückkehr von Uranus: findet normalerweise nach 84 Jahren statt und kann einen signifikanten Einfluss auf das Leben einer Person haben, insbesondere auf das Alter von 42 Jahren. Es kann eine Midlife-Krise auslösen, insbesondere bei Frauen, die während dieser Zeit in die Wechseljahre eintreten können. Es kann jedoch auch Auswirkungen auf die Andropause von Männern haben. In dieser Zeit können die Beziehungen einer Person gestört werden und der Rücklauf von Uranus kann stressig und zerstörerisch sein.

• Transit von Neptun: bringt eine Zeit der Kreativität und Inspiration, aber auch von Verwirrung und Illusion mit sich. Die Person kann spirituelle und religiöse Verbindungen erfahren, aber auch unter mentalen Störungen und Missverständnissen bei einem schwierigen Aspekt leiden.

• Transit von Pluto: bringt Veränderungen im Lebensstil und kann das Ende einer Lebensphase und den Beginn einer anderen darstellen. Es bringt auch physiologische Veränderungen wie sexuelle Veränderungen,

Besessenheiten und Machtbedürfnisse mit.

Der Rückläufige Transit

Der Rückläufige Transit tritt auf, wenn ein Planet scheinbar rückwärts bewegt wird, gemäß astrologischen Aspekten. Diese rückläufige Bewegung eines Planeten gilt als negativ und kann Schwierigkeiten im Leben verursachen. Zum Beispiel kann es während der rückläufigen Bewegung von Merkur zu Kommunikationsproblemen, Missverständnissen und Enttäuschungen kommen. Während dieser Zeit ist es wichtig, geduldig zu sein und ruhig nachzudenken, bevor man handelt.

Kapitel 8: Die Mondknoten in der Astrologie

Erfolg ist ein Ziel, das wir alle erreichen möchten, aber oft wissen wir nicht, wie wir es erreichen oder was es wirklich bedeutet. Jeder hat seine eigene Vorstellung von Erfolg: für manche ist es, reich zu werden, für andere, eine glückliche Familie und Liebe zu haben, während es für andere Ruhm und Schönheit ist. In der Astrologie gibt es eine Möglichkeit, deine wahre Mission und deinen Weg zum Erfolg durch die Interpretation des Nordknotens zu entdecken. In deinem Geburtshoroskop gibt es zwei Knoten: den Südknoten und den Nordknoten, die sich gegenüberstehen. Wenn diese beiden Knoten aufeinandertreffen, bilden sie die Knotenachse. Der Nordknoten oder wahre Knoten repräsentiert den Mond und hilft dabei, die Lektionen zu enthüllen, die du lernen musst, um emotional zu evolvieren.

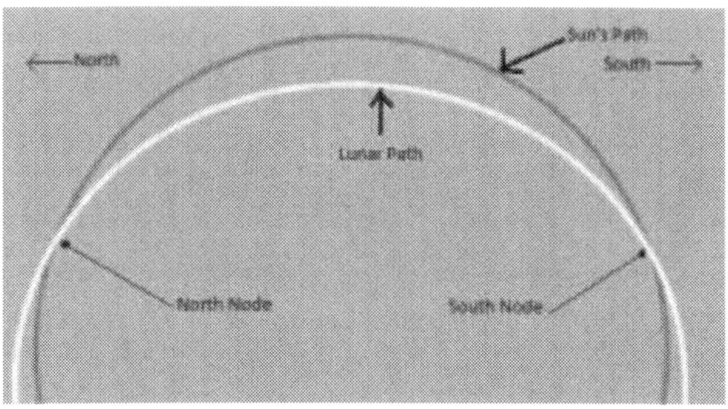

Bild des Nord- und Südknotens

Erfahrene Astrologen behaupten, dass der Nordknoten einer Person von ihrem Sonnenzeichen abweicht. Die Sonne repräsentiert, wie man Erfolg erlangt, während der Nordknoten die Persönlichkeitsentwicklung und die wahre Mission anzeigt. Mit der Zeit zieht der Nordknoten einen in die Zukunft und hilft dabei, Erfolg zu erlangen.

Zusammengefasst, wenn man nach einer Karte für den Erfolg sucht und nicht weiß, wie man ihn erreicht, kann die Astrologie helfen, die eigene wahre Mission und den Weg zum Erfolg durch die Interpretation des Nordknotens zu entdecken.

Zeichen des Nordknotens

Zeichen des Nordknotens

Die Mondknoten, sowohl der Nord- als auch der Südknoten, sind wichtige Punkte im Geburtshoroskop einer Person. Sie sind keine Planeten, sondern Punkte auf der Bahn, an denen der Mond die Bahn der Sonne durchläuft. Der Nordknoten des Mondes ist auch als Drachenkopf bekannt.

Bedeutung des Nordknotens

Der Nordknoten, wie bereits erwähnt, ist ein echter Knoten, der als karmischer Indikator im Leben einer Person dient. Seine Position im Geburtshoroskop zeigt eine Richtung an, in der sich die Person auf ihrem Lebensweg orientieren sollte. Wenn eine Person den Nordknoten erreicht, hilft ihm das, sein Hauptziel im Leben zu verstehen und zu verwirklichen. Um dieser Richtung zu folgen, muss man aus seiner Komfortzone ausbrechen, aber wenn man dies tut, können die Ergebnisse überraschend sein. Der Nordknoten repräsentiert den Schlüssel zum Erfolg in der ultimativen Lebensmission. Astrologen raten, diese Richtung so schnell wie möglich zu verfolgen, um das Leben bedeutungsvoller zu machen und schnell Erfolg zu erzielen. Im Allgemeinen repräsentiert der Nordknoten die Zukunft und das ultimative Schicksal, das ein Individuum mit harter Arbeit und Hingabe erreichen kann.

Warum ist es für eine Person wichtig, ihren Nordknoten zu studieren?

Die Bedeutung des Studiums des eigenen Nordknotens in der Astrologie besteht darin, die eigenen Wachstumszyklen im Leben zu verstehen. Es geht nicht nur darum, Vorhersagen zu machen, sondern auch sich selbst und seinen Zweck im Leben zu verstehen. Der Nordknoten ist ein wichtiger Bestandteil im Leben einer Person, da er Ereignisse und Situationen anzieht, die zu unerwarteten und unvorhergesehenen Wachstumsprozessen führen.

Wie interpretiert man seine Seelenmission?

Um seine Seelenmission zu interpretieren, ist es wichtig, die astrologischen Zeichen zu beobachten und in welchem Haus sich der Nordknoten befindet. Jeder der zwölf astrologischen Zeichen repräsentiert ein Talent, ein Wachstum, eine Natur, eine Ausdrucksweise und verschiedene Lebenserfahrungen.

Um seine Seelenmission oder den Nordknoten zu aktivieren, werden folgende Schritte empfohlen:

• Schätze die im Laufe der Zeit erworbenen Talente als Basis für zukünftiges Wachstum.

• Erlangen Sie Bewusstsein für Ihr eigenes Karma, indem Sie die andere Seite des Südknotens erkunden.

• Betreten Sie Ihre Seelenmission, indem Sie verschiedene emotionale Antworten, Einstellungen und Energien annehmen, um Ihr Ziel zu erreichen.

Zeichen des Nordknotens einer Person

Emotionale Antworten, Einstellungen und Energien, die angenommen werden sollen:

♈ Widder "Ich bin".

♉ Stier "Ich habe".

♊ Zwillinge "Ich denke".

♋ Krebs "Ich fühle mich".

♌ Löwe "Ich werde es tun".

♍ Jungfrau "Ich analysiere".

♎ Waage "Ich bringe das Gleichgewicht".

♏ Skorpion "Ich begehre".

♐ Schütze "Ich verstehe".

♑ Steinbock "Ich nutze".

♒ Wassermann "Ich weiß".

♓ Fische "Ich glaube".

Wie findet man das Zeichen des Nordknotens im Geburtshoroskop?

Um die Position des Nordknotens zu bestimmen, muss die Person ihr Geburtsdatum, ihre Geburtszeit und ihren Geburtsort in eine astrologische Tabelle auf einer der astrologischen Websites eingeben.

Die folgende Tabelle zeigt den wahren Wert des Nordknotens, der geringfügig von dem tatsächlichen mittleren Knoten abweichen kann.

Date	Sign	Date	Sign
Jan 1/40 – May 24/41	Libra	Dec 24/62 -Aug 25/64	Cancer
May 25/41 -Nov 21/42	Virgo	Aug 26/64 -Feb 19/66	Gemini
Nov 22/42 – May 11/44	Leo	Feb 20/66 -Aug 19/67	Taurus
May 12/44 – Dec 3/45	Cancer	Aug 20/67 -Apr 19/69	Aries
Dec 4/45 – Aug 2/47	Gemini	Apr 20/69 – Nov 2/70	Pisces
Aug 3/47 – Jan 26/49	Taurus	Nov 3/70 – Apr 27/72	Aquarius
Jan 27/49 – Jul 26/50	Aries	Apr 28/72 – Oct 27/73	Capricorn
Jul 27/50 – Mar 28/52	Pisces	Oct 28/73 – Jul 9/75	Sagittarius
Mar 29/52 – Oct 9/53	Aquarius	Jul 10/75 – Jan 7/77	Scorpio
Oct 10/53 – Apr 2/55	Capricorn	Jan 8/77 – Jul 5/78	Libra
Apr 3/55 – Oct 4/56	Sagittarius	Jul 6/78 – Jan 5/80	Virgo
Oct 5/56 – Jun 16/58	Scorpio	Jan 6/80 – Sep 24/81	Leo
Jun 17/58 – Dec 15/59	Libra	Sep 25/81 – Mar 16/83	Cancer
Dec 16/59 – Jun 10/61	Virgo	Mar 17/83 – Sep 11/84	Gemini
Jun 11/61 – Dec 23/62	Leo	Sep 12/84 – Apr 6/86	Taurus

Wie zuvor gelesen, stehen sich der Nordknoten und der Südknoten gegenüber. Diese Tabelle zeigt daher die verschiedenen Zeichen, die diesen Begriff verdeutlichen.

If Your North Node is in:	**Then Your South Node is in:**
Aries	Libra
Taurus	Scorpio
Gemini	Sagittarius
Cancer	Capricorn
Leo	Aquarius
Virgo	Pisces
Libra	Aries
Scorpio	Taurus
Sagittarius	Gemini
Capricorn	Cancer
Aquarius	Leo
Pisces	Virgo

Daher spielt der Nordknoten im Geburtshoroskop einer Person eine entscheidende Rolle bei der Entscheidung, was sie im Laufe ihres Lebens werden wird.

Eclipse

In diesem Kapitel haben wir über die Rolle des Nordknotens in der Astrologie und die Auswirkungen auf das menschliche Leben diskutiert. Astrologen haben unterschiedliche Meinungen über den Nordknoten und basieren ihre Vorhersagen darauf.

Wir werden nun über Eclipse diskutieren, himmlische Ereignisse, die sowohl in der Astrologie als auch im menschlichen Leben von großer Bedeutung sind. Eclipse treten auf, wenn ein beliebiger Planet oder der Mond auf dem Pfad des Sonnenlichts liegt. Auf der Erde gibt es zwei Arten von Eclipsen: Sonnenfinsternis und Mondfinsternis.

Vergleich zwischen Sonnen- und Mondfinsternissen

Lassen Sie uns mit Sonnenfinsternissen beginnen, bei denen sich die Erde zwischen der Sonne und dem Mond befindet und der Schatten der Erde die Sonne teilweise oder vollständig verdeckt. Während Mondfinsternisse auftreten, wenn sich der Mond zwischen der Sonne und der Erde befindet und der Schatten der Erde den Mond verdeckt. In beiden Fällen sind drei Himmelskörper beteiligt: die Sonne, der Mond und die Erde.

Lassen Sie uns jetzt die Mondfinsternisse analysieren. Diese treten nur während des Vollmonds auf. Es gibt drei Arten von Mondfinsternissen, die von der Erde aus sichtbar sind:

Totale Mondfinsternis: tritt auf, wenn der Schatten der Erde (Umbra) die Oberfläche des Mondes vollständig verdeckt.

Teilweise Mondfinsternis: tritt auf, wenn nur Teile der Oberfläche des Mondes von dem Schatten der Erde (Umbra) verdeckt sind.

Penumbrale Mondfinsternis: tritt auf, wenn der Mond die schwache Penumbra-Portion des Schattens der Erde durchquert.

Sie könnten sich fragen, warum es nicht jeden Monat eine Mondfinsternis gibt, da der Mond jeden Monat um die Erde kreist. Der Pfad des Mondes ist jedoch im Vergleich zur Erde geneigt, im Gegensatz zur Sonne, daher fällt er nicht immer in den Schatten der Erde.

Die Auswirkungen von Mondfinsternissen

Laut NASA gibt es keine Beweise dafür, dass Mondfinsternisse einen signifikanten Einfluss auf die Menschen haben. Es gibt jedoch einige physiologische Auswirkungen, wie die Veränderung des Lichtniveaus, die aufgrund der persönlichen Überzeugung der Menschen Auswirkungen haben können.

Wildtiere und Mondfinsternisse

Wildtiere verhalten sich während Mondfinsternissen auch anders. Das Anthropologie-Department der Universität von Pennsylvania hat eine Studie über nachtaktive Vögel durchgeführt und festgestellt, dass deren Aktivität während dieses himmlischen Ereignisses sich ändert. Die Älteren hatten recht, die Hauptwirkung wird durch die Veränderung des Lichtniveaus verursacht.

Astrologie betrachtet Mondfinsternisse als geheimnisvolle und wichtige Ereignisse für den Menschen. Sowohl Sonnen- als auch Mondfinsternisse haben einen wichtigen Platz in der Natur und der menschlichen Vorstellungskraft. In der indischen Astrologie werden Mondfinsternisse als bedeutsame Ereignisse angesehen und indische Astrologen geben vorab verschiedenen Kategorien von Menschen basierend auf deren Alter und Situation Warnungen, da man glaubt, dass sie eine tiefgreifende Wirkung auf den Menschen haben.

Was sollte man während Mondfinsternissen nicht tun?

- Laut Astrologen sollten weder Männer noch Frauen während einer Mondfinsternis Essen oder Wasser zu sich nehmen.
- Ventilatoren sollten nicht laufen.
- Es sollte kein Geschlechtsverkehr stattfinden.

- Sich die Zähne putzen, Wäsche waschen und Schlösser öffnen sollte vermieden werden.
- Schlafen während einer Mondfinsternis wird als begünstigend für die Entstehung von Krankheiten angesehen.
- Pflücken von Blumen, Blättern, Zweigen, Pflanzen oder Gras sollte vermieden werden.

Während einer Mondfinsternis sollte man keine nützliche Arbeit machen. Was sollte man während Mondfinsternissen tun?

- Vor Beginn einer Mondfinsternis baden und Gott anbeten.
- Während einer Mondfinsternis sollte man das Mantra des Gurus singen, das positive Energie verleiht.
- Nach Ende einer Mondfinsternis sollte man ein Bad nehmen und eine Spende an Brahmanen geben.
- Alle aufgestauten Wasser sollten durch frisches Wasser ersetzt werden.
- Essen und Trinken sollte erst nach Ende der Mondfinsternis wiederaufgenommen werden.
- Nach Beendigung der Mondfinsternis sollten alle Kleidungsstücke, die man während der Mondfinsternis angefasst hat, gewaschen werden.
- Es wird gesagt, dass man nach Ende der Mondfinsternis Kühen, Vögeln Futter geben und etwas Nützliches an bedürftige Menschen spenden sollte, da dies als sehr von Nutzen angesehen wird und in der nahen Zukunft vermehrt werden soll.
- Vorsichtsmaßnahmen für schwangere Frauen während Mondfinsternissen.
- Laut Astrologie ist es für schwangere Frauen und das ungeborene

Kind sehr schädlich, da es die Organe des Babys beeinträchtigt.

- Während einer Mondfinsternis sollte eine schwangere Frau Kuhmist oder Basilikumblätter auf den Bauch auftragen, da man glaubt, dass dies ein Schild ist, das Rahu-Ketu von dem Baby fernhält.
- Während einer Mondfinsternis sollten Frauen niemals etwas mit einem Messer oder einer Schere schneiden oder Kleidung nähen.

Eine Sonnenfinsternis ist ein astronomisches Ereignis, bei dem der Mond zwischen Erde und Sonne hindurchzieht und dabei teilweise oder vollständig den Sonnenschein verdunkelt. Dieser Effekt tritt nur während einer Neumond-Phase auf, wenn die drei Himmelskörper ausgerichtet sind.

Es gibt verschiedene Arten von Sonnenfinsternissen:

1. Totale Sonnenfinsternis: tritt auf, wenn der Mond die Sonne vollständig verdeckt und somit das gesamte Sonnenlicht blockiert. Während dieser Art von Finsternis ist es gefährlich, direkt in die Sonne zu sehen, da dies zu schweren Augenschäden führen kann.
2. Teilweise Sonnenfinsternis: tritt auf, wenn der Mond nur teilweise die Sonnenoberfläche verdeckt. Während dieser Art von Finsternis wird nur ein Teil des betroffenen Gebietes die Sonne vollständig verdeckt sehen.
3. Annulare Sonnenfinsternis: tritt auf, wenn der Mond zu weit von der Erde entfernt ist, um die Sonne vollständig zu verdecken, aber nahe genug ist, um einen Lichtring um den Rand der verdeckten Sonnenoberfläche zu bilden.
4. Hybrid Sonnenfinsternis: ist ein seltenes Ereignis, bei dem die Finsternis als Annulare Sonnenfinsternis beginnt, aber sich allmählich in eine totale Sonnenfinsternis verwandelt, während der Mond auf seiner Umlaufbahn weiterzieht.

Im Durchschnitt ereignen sich jedes Jahr zwischen 2 und 5 Sonnenfinsternisse. Es kann jedoch von einer bis zu drei totalen oder teilweisen Finsternis pro Jahr variieren. Diese Ereignisse finden in verschiedenen Teilen der Welt statt und sind nur in bestimmten Regionen für einen begrenzten Zeitraum sichtbar.

Auswirkungen von Sonnenfinsternissen auf den menschlichen Körper

Sonnenfinsternisse sind seltene Ereignisse, die bei den Menschen großes Interesse wecken, da sie nur 2-3 Mal pro Jahr sichtbar sind. Allerdings beschreiben alte Legenden negative Auswirkungen auf die Gesundheit im Zusammenhang mit diesen Phänomenen.

Astrologisch gesehen symbolisiert die Sonne Leben, Ego und Persönlichkeit und ist eng mit persönlichen Herausforderungen und Wachstumsmöglichkeiten verbunden.

Betrachten wir die Auswirkungen einer Sonnenfinsternis auf den menschlichen Körper:

1. Ermüdung und Lethargie: Laut spiritueller Forschung von Astrologen kann eine totale Sonnenfinsternis Müdigkeit und Krankheit verursachen. Es wird daher empfohlen, wichtige Entscheidungen während einer Finsternis zu vermeiden.

2. Schwangerschaft: Indische Astrologen empfehlen während einer Sonnenfinsternis Vorsichtsmaßnahmen für schwangere Frauen und behaupten, dass während einer totalen Finsternis das Baby mit Anomalien geboren werden kann. Diese Theorie hat jedoch keine wissenschaftlichen Grundlagen.

3. Augenanomalien: Das direkte Betrachten einer Sonnenfinsternis kann permanente Schäden an der Netzhaut verursachen und sogar zur Erblindung führen. Daher wird davon abgeraten, die Finsternis ungeschützt zu betrachten. Um das Ereignis zu beobachten, sollten entsprechende Schutzbrillen verwendet werden.

4. Verdauungsprobleme können auftreten: Eine Sonnenfinsternis kann

bei einigen Menschen Verdauungsprobleme verursachen. Deshalb vermeiden viele spirituelle Menschen, während einer Sonnenfinsternis zu essen oder zu trinken.

5. Individuelle Emotionen können instabil werden: Eine Sonnenfinsternis, da sie ein seltenes Ereignis ist, kann Auswirkungen auf die psychologische Denkweise der Menschen haben. Es gibt Anzeichen dafür, dass das Verhalten einer Person während einer Sonnenfinsternis verändert werden kann, sich aufgeregt zu fühlen, ungewöhnliche Träume zu haben, die Kreativität zu steigern und in manchen Fällen die Beziehungen schwieriger zu machen.

Der wichtigste Unterschied zwischen einer Sonnenfinsternis und einer Mondfinsternis besteht darin, dass die erste tagsüber und die zweite nachts stattfindet. Außerdem dauert eine Sonnenfinsternis nur 5-7 Minuten, während eine Mondfinsternis etwa eine Stunde dauert und Auswirkungen auf alle Aspekte des Lebens hat. In Bezug auf die Häufigkeit tritt eine Sonnenfinsternis einmal alle 18 Monate auf, während eine Mondfinsternis zweimal pro Jahr stattfindet. Eine Mondfinsternis kann in vielen Teilen der Welt gesehen werden, während eine Sonnenfinsternis selten in einigen Gebieten sichtbar ist.

Astrologen können auch vorhersagen, inwieweit eine Sonnen- oder Mondfinsternis Auswirkungen auf Menschen, Tiere und die Erde haben kann. Astrologie ist ein weites Feld, das viel über das Leben einer Person erzählen kann, von der Geburt bis zum Tod. Allerdings glauben manche Menschen nicht daran und sehen es nur als Zeitverschwendung und eine Möglichkeit, Geld zu verdienen.

Kapitel 9: Die Physiologische Astrologie

Psychiatrie ist die Studie des Verhaltens und der mentalen Funktionen des Menschen, die auch die Persönlichkeit einer Person beeinflussen. Astrologie hingegen ist die Studie von Himmelskörpern, ihren Positionen und ihren relativen Bewegungen. Mit anderen Worten wurde Astrologie verwendet, um Psychiatrie zu verstehen. Physiologie und Astrologie sind eng miteinander verbunden, da die Bewegungen der Planeten und ihre Positionen im Tierkreis Auswirkungen auf die physiologischen Funktionen des Körpers haben. Es wird angenommen, dass jeder Planet und jedes Zeichen einen bestimmten Teil des Körpers regiert und seine Funktionen und Erhaltung beeinflusst.

Die physiologische Astrologie zielt darauf ab, die körperliche Energie und die Persönlichkeit zu studieren, um ihre Entwicklung und ihren Wachstum zu verstehen. In diesem Zusammenhang kann, unter Berücksichtigung des herrschenden Planeten, des Aszendenten und ihrer Winkel in den Tierkreiszeichen, die Aktivität und Funktionen der Organe vorhergesagt werden. Der Begriff wird durch das folgende Diagramm noch klarer.

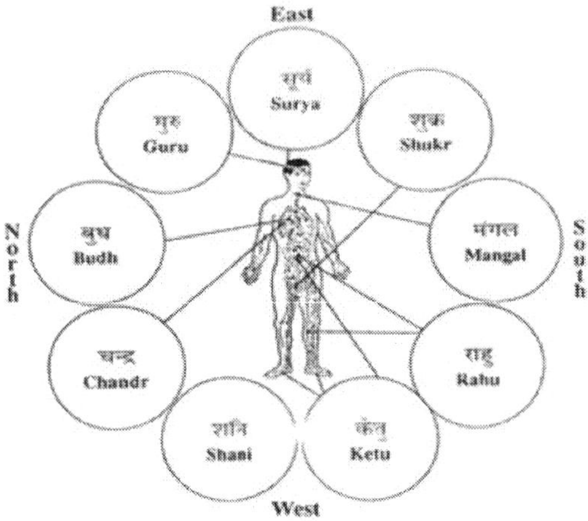

Der menschliche Körper und seine Beziehung zu den Planeten

Die Planeten werden oft bestimmten Teilen des menschlichen Körpers und ihren Funktionen zugeordnet. Laut astrologischer Theorie regelt jeder Planet ein bestimmtes Organ:

- Die Sonne gilt als Erzeuger der Lebenskraft und regiert den Geist. Sie trägt zur körperlichen Entwicklung und Empfindlichkeit einer Person bei.

- Der Mond kontrolliert die Hormonproduktion und beeinflusst das emotionale Verhalten der Individuen.

- Merkur regelt die Funktion des Nervensystems, die Reflexaktion, den Willen und die Koordination der Bewegungen.

- Venus ist mit der Aufrechterhaltung des osmotischen Gleichgewichts der Körperzellen verbunden und verbessert die Filtrations- und Nierenfunktion.

- Mars ist mit der Fähigkeit zur Stressbewältigung und der Verteilung von Metallen im Körper verbunden.

- Jupiter unterstützt die Zellentwicklung und kontrolliert deren Ernährung. Es regelt außerdem die Bildung von Hämoglobin im Blut.

- Saturn ist mit Knochen und Knorpel verbunden.

- Uranus kontrolliert das Wachstum der langen Knochen wie dem Oberschenkelknochen und entwickelt die elektromagnetische Kraft im Körper.

- Neptun regiert die weißen Blutkörperchen, also die Immunzellen, und beeinflusst die psychischen Fähigkeiten des Körpers.

- Pluto reguliert den Stoffwechsel des Körpers und hält das Gleichgewicht zwischen der anabolen und katabolen Aktivität des Körpers aufrecht.

Man glaubt, dass die von den Planeten ausgesandte Energie positive oder negative Auswirkungen auf die physische Gesundheit haben kann. Die

Position der Planeten innerhalb der astrologischen Häuser oder im Tierkreis kann Auswirkungen auf die physische und psychische Gesundheit haben. Astrologen verwenden die Analyse der Planetenposition im Tierkreisrad, um die Auswirkungen auf die Gesundheit vorherzusagen.

Die Position der Planeten und ihre Beziehungen zu physiologischen Störungen

Astrologen, die die Position der Planeten und ihrer zugehörigen Organe im Tierkreiszeichen kennen, zeigen einen direkten Zusammenhang mit physiologischen Störungen. Der Einfluss der Planeten auf die körperliche Gesundheit ist folgendermaßen:

Ein ungünstiger Mond kann neurologische Störungen oder Dysfunktionen verursachen, insbesondere wenn er schwach in der sechsten, achten und zwölften Tierkreisposition platziert ist. Wenn er von einem anderen Planeten beeinflusst wird, kann er Aggression, Depressionen und Suizidversuche verursachen.

Ein ungünstiger Merkur kann nervöse Krisen verursachen, insbesondere wenn er rückläufig in der fünften Position platziert ist.

Saturn in Kombination mit Rahu in der ersten und zweiten Position des Tierkreises kann eine Abhängigkeit von Alkohol und Drogen verursachen. Wenn er jedoch in Kombination mit Mars in der fünften, siebten und neunten Position platziert ist, kann er verrücktes Verhalten verursachen. Die Position des Saturns in Kombination mit der Sonne in der achten Position kann Angstzustände und psychische Störungen verursachen.

Eine ungünstige Venus ist mit dem sexuellen Verhalten von Individuen verbunden. Die Position von Venus in der sechsten Position und die Kombination mit Jungfrau geben den schlechtesten Effekt. Eine Abnahme des sexuellen Verlangens und eine Abnahme moralischer Werte können beobachtet werden, wenn es ein Trio von Saturn, Mars und Ketu in Beziehung zu Venus gibt.

Mars in Verbindung mit Rahu in der ersten, dritten oder fünften Position kann kriminelle Aktivitäten und bipolare Störungen verursachen. Merkur und Mond in Verbindung mit Rahu in der gleichen oder fünften, sechsten und achten Position können den schlechtesten Effekt haben.

Rahu und Ketu in der sechsten, achten und zwölften Position können Sprachstörungen verursachen, auch als Vani Dosh bezeichnet. Rahu in der achten Position schafft eine Bedingung, in der die Krankheit unerkannt bleibt und eine Behandlung verhindert.

Jupiter und Sonne in engem Zusammenhang in der sechsten, achten Position können die Entstehung von Phobien und körperlichen Störungen verursachen.

Dies kann am besten mit Hilfe einer Tabelle verstanden werden.

Planets	Position	Effects
Mars	3rd, 6th, 8th	Bipolar disorder, criminal activity
Venus	4th 6th 8th& 12th	Sexual behaviour, frustration
Mercury	6th 8th&12th	Mental illness and nervous breakdown
Moon	3rd 6th& 8th	Aggression, depression
Sun	3rd 6th 8th& 12th	Brain disorders
Guru	3rd 4th 6th 8th& 12th	Phobia, physical illness
Shani	6th& 8th	Insane behaviour, alcohol addiction

Tabelle: Illustriert die Position der Planeten im Haus und ihre Beziehung zu physiologischen Störungen

Kapitel 10: Das astrologische Alphabet

In der Astrologie gibt es auch einen Alphabet-Code, um sich mit allen Tierkreiszeichen, Häusern, Planeten und ihren Winkeln sowie Aszendenten einfach vertraut zu machen. Es ist nicht einfach, sich alle Planeten und ihre Aspekte im Zusammenhang mit der Astrologie und deren Namen zu merken. Der Astrologe verwendet Symbole, Zahlen und Buchstaben, um sich an sie zu erinnern und das Geburtshoroskop vorherzusagen. Das Alphabet kann in Englisch oder Hindi sein, damit es leicht zu erkennen ist.

Jeder Planet ist einem Buchstaben zugeordnet. Zum Beispiel:

Buchstabe A (Tierkreiszeichen ist Widder, erstes Haus, Planet Mars).

Buchstabe B (Tierkreiszeichen ist Stier, zweites Haus, Planet Venus).

Buchstabe C (Tierkreiszeichen ist Zwillinge, drittes Haus, Planet Merkur).

Buchstabe D (Tierkreiszeichen ist Krebs, viertes Haus, Planet Mond).

Buchstabe E (Tierkreiszeichen ist Löwe, fünftes Haus, Planet Sonne).

Buchstabe F (Tierkreiszeichen ist Jungfrau, sechstes Haus, Planet Merkur).

Buchstabe G (Tierkreiszeichen ist Waage, siebtes Haus, Planet Venus).

Buchstabe H (Tierkreiszeichen ist Skorpion, achtes Haus, Planet Pluto).

Buchstabe I (Tierkreiszeichen ist Schütze, neuntes Haus, Planet Jupiter).

Buchstabe J (Tierkreiszeichen ist Steinbock, zehntes Haus, Planet Saturn).

Buchstabe K (Tierkreiszeichen ist Wassermann, elftes Haus, Planet Uranus).

Buchstabe L (Tierkreiszeichen ist Fische, zwölftes Haus, Planet Neptun).

Jeder Buchstabe repräsentiert ein Haus, einen Planeten und das zugehörige Tierkreiszeichen, was regelmäßig Vorhersagen ermöglicht. Neben diesen Alphabeten werden auch verschiedene Symbole verwendet, um das Geburtshoroskop vorherzusagen. Hier ist eine Liste der Symbole:

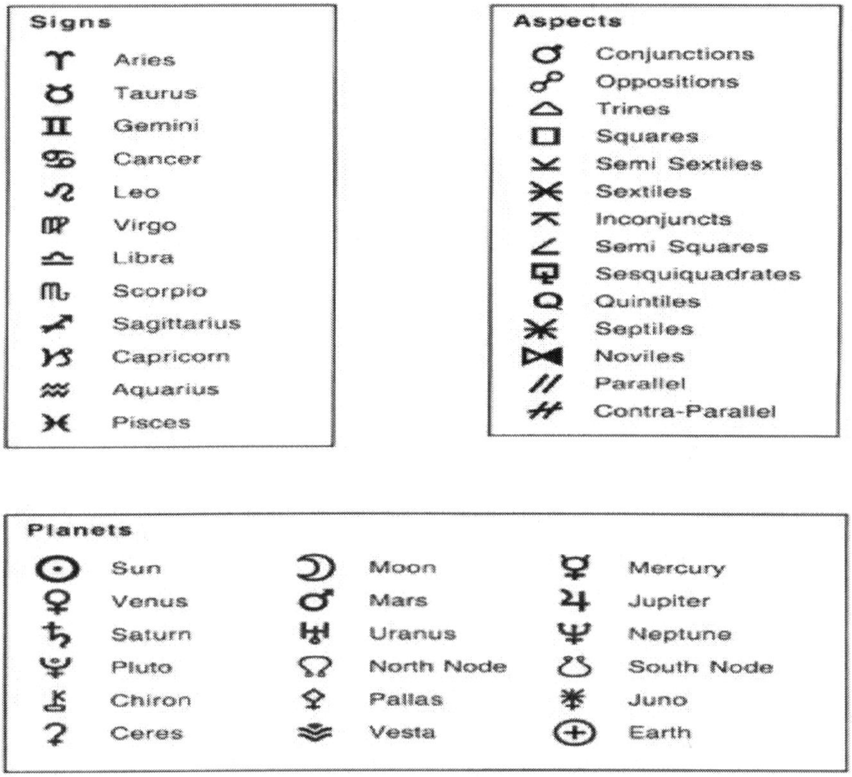

Abbildung: Illustration der Symbole, die zur Anzeige des Tierkreiszeichens, der Planeten und Aspekte in einer astrologischen Karte verwendet werden können.

Das numerische System in der Astrologie

In Kombination mit dem Alphabet verwenden Astrologen auch Zahlen, um das Zeichen, den Planeten und das herrschende Haus darzustellen. Die verwendete Zahl reicht von 1 bis 9 und mit dieser Methode kann man leicht seine Geburtsnummer vorhersagen. Beispielsweise: wenn Ihr Geburtsdatum der 25. ist, summieren Sie beide Zahlen (2+5=7) und erhalten die astrologische Zahl 7. Die Zahl 7 wird durch den Planeten Neptun symbolisiert. Jede Zahl repräsentiert den herrschenden Planeten des Tierkreiszeichens: die Zahl 1 symbolisiert den herrschenden Planeten

Sonne, die 2 den Mond, die 3 Jupiter, die 4 Uranus, die 5 Merkur, die 6 Venus, die 8 Saturn und die 9 Mars. Das Zahlensystem, die Symbole und die Alphabete werden von Astrologen als Sprache der Zeichen verwendet, um eine Geburtskarte symbolisch zu erstellen.

Ein Beispiel für ein alphabetisches Geburtshoroskop ist unten aufgeführt.

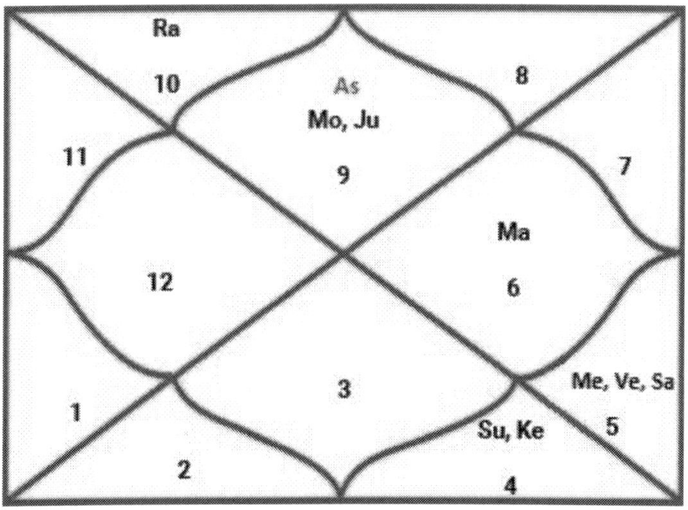

Abbildung: Das Haus und das numerische System

Kapitel 11: Interpretation der Sterne als Werkzeug für persönliches Wachstum

Unsere Zeitgenossen wenden sich oft an die besten Astrologen, um ihre Erfolgsaussichten im persönlichen und beruflichen Bereich zu erfahren. Dazu nutzen sie die Sterne, um die Positionen der Planeten zu interpretieren.

Man fragt sich dann: Beeinflussen die Sterne das Leben einer Person? Oder hilft das Universum den Menschen dabei, ihr Leben und ihr Schicksal zu bestimmen?

Auf der ganzen Welt ist jede Person mit den Planeten und Sternen verbunden, oder besser gesagt, wir sind alle Teil von ihnen. Jeder Stern und jeder Planet steht für etwas in unserem Leben, dessen Entwicklung mit ihrer Bewegung zusammenhängt.

Im Laufe der Zeit bewegen sich die Sterne einer Person von einem Ort zum anderen, deshalb ist es sehr schwierig, den genauen Charakter einer Person mit Hilfe der Sterne zu bestimmen.

Die alten Weisen aus Indien teilten die Sterne in 27 Nakshatras ein, die sind:

Liste der Nakshatras

Ashwini	Bharani	Krittika	Rohini
Mrigshirsha	Ardra	Punarvasu	Pushya
Ashlesha	Magha	Purvaphalguni	Uttaraphalguni
Hasta	Chitra	Swati	Vishakha
Anuradha	Jyeshtha	Moola	Purvashadha
Uttarashadha	Shravana	Dhanishtha	Shatbhisha
Poorvabhadrapada	Uttarabhadrapada	Revati	Abhijit

Astrologen bestimmen das Horoskop einer Person unter Berücksichtigung der Sterne, die als ihre Herrscher gelten. Die Nakshatras haben wesentliche Merkmale: eine Gottheit, eine Farbe, einen astronomischen Namen und einen herrschenden Planeten.

No.	Nakshatras (Constellations)	Astronomical Name	Deity	Lord	Colour	Gemstone
1	Ashwini	Beta Arietis	Ashwini brothers	Ketu	Blood red	Cat's Eye red
2	Bharani	35 Arietis	Yama	Venus	Blood red	Diamond
3	Krittika	Eta Tauri	Agni	Sun	White	Ruby
4	Rohini	Aldebaran	Brahma	Moon	White	Natural Pearl
5	Mrigshirsha	Lambda Orionis	Chandra	Mars	Silver Grey	Red Coral
6	Ardra	Alpha Orionis	Rudra	Rahu	Green	Gomedh
7	Punarvasu	Beta Geminorium	Adity	Jupiter	Lead	Yellow Sapphire
8	Pushya	Delta Cancri	Brihaspathi	Saturn	Black mixed with red	Blue Sapphire
9	Ashlesha	Alpha Hydrae	Nagas	Mercury	Black mixed with red	Emerald
10	Magha	Regulus	Mithras	Ketu	Ivory or cream	Cat's Eye
11	Purvaphalguni	Delta Leonis	Bhaga	Venus	Light brown	Diamond
12	Uttaraphalguni	Beta Leonis	Aryaman	Sun	Bright blue	Ruby
13	Hasta	Delta Corvi	Aditya	Moon	Deep green	Natural Pearl
14	Chitra	Spica Virginis -Vegas	Tvashtar	Mars	Black	Red Coral
15	Swati	Arcturus	Vayu	Rahu	Black	Gomedh
16	Vishakha	Alpha Librae	Indra-Agni	Jupiter	Golden	Yellow Sapphire
17	Anuradha	Delta Scorpio	Mitra	Saturn	Reddish brown	Blue Sapphire
18	Jyeshtha	Antares	Indra	Mercury	Cream	Emerald
19	Mula	Lambda Scorpio	Nirriti	Ketu	Brownish-yellow	Cat's Eye
20	Purvashadha	Delta Sagittari	Jal	Venus	Black	Diamond
21	Uttarashadha	Sigma sagittari	Vishwa deva	Sun	Copper	Ruby
22	Shravana	Alpha Aquilae	Vishnu	Moon	Light blue	Natural Pearl
23	Dhanishtha	Beta Delphinum	Ashta vasav	Mars	Silver Grey	Red Coral
24	Shatbhisha	Lambda Aquarius	Varuna	Rahu	Aquamarine	Gomedh
25	Poorvabhadrapada	Alpha Pegasi	Ajaikapat	Jupiter	Silver grey	Yellow Sapphire
26	Uttarabhadrapada	Gamas Pegasi	Ahire Budhanya	Saturn	Purple	Blue Sapphire
27	Revati	Zeta Piscum	Pooshvay	Mercury	Brown	Emerald
28	Abhijit	Vega	Brahma	Sun	Brownish-yellow	..

Die Beziehung zwischen Menschen und Planeten und Sternen ist eng, denn unser Leben wird von den natürlichen Kräften beeinflusst, die das Universum regieren. Viele glauben, dass die planetarischen Bewegungen und die Position der Sterne einen positiven oder negativen Einfluss auf unser Schicksal haben. Es ist jedoch wichtig zu beachten, dass Sterne nicht genau den Verlauf des menschlichen Lebens bestimmen, sondern Orientierung und Führung bieten können.

Die Astrologie ist eine Praxis, die versucht, den Einfluss der Sterne auf das menschliche Leben zu interpretieren. Einige Menschen glauben, dass Astrologie Fragen wie "Liebt er/sie mich?", "Ist es gut heute zu reisen?" oder "Was passiert, wenn ich zu einem Jobinterview gehe?" beantworten kann. Es ist jedoch wichtig zu beachten, dass Sterne und Planeten das Schicksal des Menschen nicht bestimmen, sondern die Handlungen und Entscheidungen beeinflussen können.

Außerdem ist es wahr, dass die Zukunft bereits geschrieben ist, aber unsere Handlungen können unser Schicksal bis zu einem gewissen Grad beeinflussen. Sterne zeigen uns, wer wir sind und wie wir unser Leben leben sollten, aber es hängt von uns ab, wie wir die Energie der Sterne nutzen, sowohl positiv als auch negativ. Sterne beeinflussen das Leben der Menschen, aber sie haben nicht die Macht, es zu befehlen.

Kapitel 12: Astrologie der Seele

Die Astrologie der Seele, auch als esoterische Astrologie bekannt, ist eine Disziplin, die sich darauf konzentriert, die innere Persönlichkeit eines Menschen durch die Interpretation des Geburtshoroskops zu verstehen. Der Hauptzweck der Astrologie der Seele ist es, unser Potenzial zu verstehen und Probleme anzugehen, mit denen wir im Leben konfrontiert sind, und uns dabei zu helfen, Antworten auf Fragen über den Zweck unserer Existenz und unseren Weg in der Welt zu finden. Die Reise der Seele durch den Tierkreis beginnt im Widder und endet in den Fischen. Das Bewusstsein unserer inneren Energie ermöglicht es uns, die höheren und niedrigeren Oktaven in jedem Zeichen zu verbinden, was uns hilft, die Energie des Seelenfriedens von dem Ego zu unterscheiden, das wir entwickelt haben.

Um die Seelenastrologie zu verstehen, ist es wichtig, sich drei wichtige Punkte bewusst zu machen: den Aszendenten, das Sonnenzeichen und die Mondzeichen. Der Aszendent ist direkt mit dem Seelenzeichen verbunden und steht für unsere innere spirituelle Essenz und Energie, die wir in die Welt bringen, um das Leben zu bereichern. Das Persönlichkeitszeichen hingegen steht für unser Verhalten und die Talente, die wir im Leben einsetzen. Es ist wichtig, sich vor Augen zu halten, dass die Seele nicht dasselbe ist wie die Persönlichkeit, die unser Äußeres darstellt, während die Seele unsere innere Seite repräsentiert. Die Astrologie der Seele umfasst zwei Aspekte, die durch das Sonnenzeichen und das Mondzeichen dargestellt werden. Das Sonnenzeichen repräsentiert die sichtbare Hälfte der Persönlichkeit, die uns zum Erreichen unserer Ziele im Leben führt. Das Mondzeichen hingegen steht für die verborgene oder "blinde" Seite der Persönlichkeit. Dieser dunkle Aspekt kann schwer zu erkennen sein, wenn man keine spirituelle Entwicklung durchlaufen hat.

Das Mondzeichen beeinflusst auch, wie wir mit anderen Menschen in Kontakt treten und wie sie uns wahrnehmen. Wenn wir uns zurückgewiesen fühlen, arbeitet das Mondzeichen daran, uns wieder in

Einklang zu bringen.

Die Astrologie der Seele konzentriert sich darauf, die Identität unserer inneren Seele durch die 12 Tierkreiszeichen und astrologischen Häuser zum Ausdruck zu bringen. Wenn wir diese Zeichen und Häuser durchqueren, können wir ein Gefühl des inneren Friedens schaffen und unsere spirituelle Energie steigern.

Kapitel 13: Wie man ein astrologisches Diagramm liest

Astrologische Diagramme werden verwendet, um die Physiologie und die Zukunft einer Person vorherzusagen. Die Astrologie basiert auf der Untersuchung der Beziehungen zwischen Planeten, Sternen und der Persönlichkeit einer Person. Wenn Sie bereits mit Planeten, Tierkreiszeichen, Himmelsobjekten, Aszendenten, Elementen und ihren jeweiligen Funktionen vertraut sind, können Sie ein astrologisches Diagramm erstellen und lesen, indem Sie diesen einfachen Schritten folgen.

Der erste Schritt beim Lesen eines astrologischen Diagramms besteht darin, die Zeichen zu identifizieren. Suchen Sie im Diagramm nach dem Tierkreiszeichen, welches durch das Geburtsdatum bestimmt wird. Der Tierkreis ist in 12 gleiche Teile unterteilt und jeder Abschnitt zeigt den Ort eines bestimmten Tierkreiszeichens an. Der Abschnitt, der von dem Geburtsdatum im Tierkreis besetzt wird, ist Ihr Tierkreiszeichen.

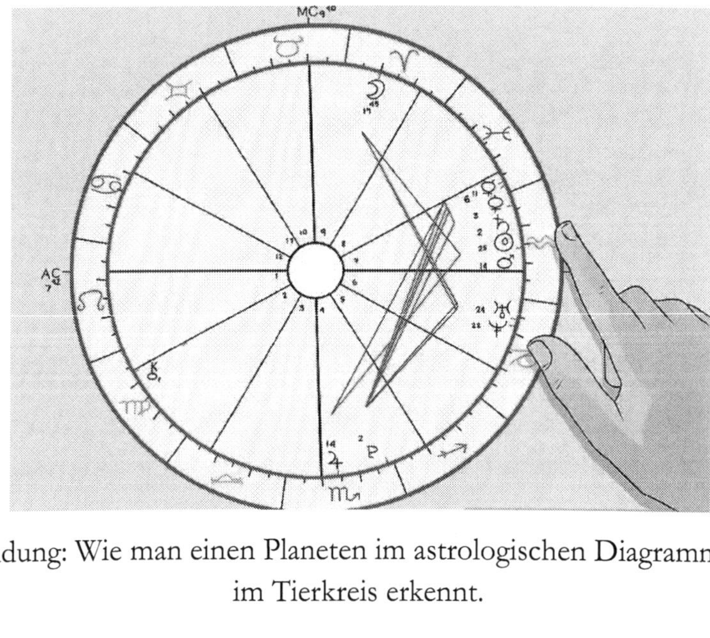

Abbildung: Wie man einen Planeten im astrologischen Diagramm oder im Tierkreis erkennt.

Im Horoskop steht die Person im Zentrum des Kreises. Ziehen Sie eine Linie von der Person zum oberen Teil der Längsseite. Das ist Ihr Tierkreiszeichen. Himmelskörper wie der Planet, Sterne, werden in Beziehung zu Ihrem Geburtsdatum gezeichnet.

Der nächste Schritt beim Lesen des Horoskops besteht darin, die Bedeutung Ihres Tierkreiszeichens zu verstehen, das angeblich Ihre Persönlichkeit beeinflusst. Wenn Sie zum Beispiel ein Widder-Zeichen haben, wie Sie vorher gelernt haben, hat ein Widder-Zeichen eine leidenschaftliche Persönlichkeit, die bestrebt ist, Ziele zu erreichen.

Um ein Horoskop kurz zu lesen, reicht es nicht aus, nur die Tierkreiszeichen zu berücksichtigen. Es gibt eine Vielzahl von Aspekten, die ein Horoskop beeinflussen können. Sie sollten die Häuser und Planeten und ihre Auswirkungen auf die Person berücksichtigen. Der nächste Schritt beim Lesen eines Horoskops besteht darin, das Haus zu interpretieren. Die Interpretation eines Hauses hängt auch vom Geburtsort und von den Geburtsdaten ab. Es kann wie folgt durchgeführt werden:

Überprüfen Sie den Aszendenten

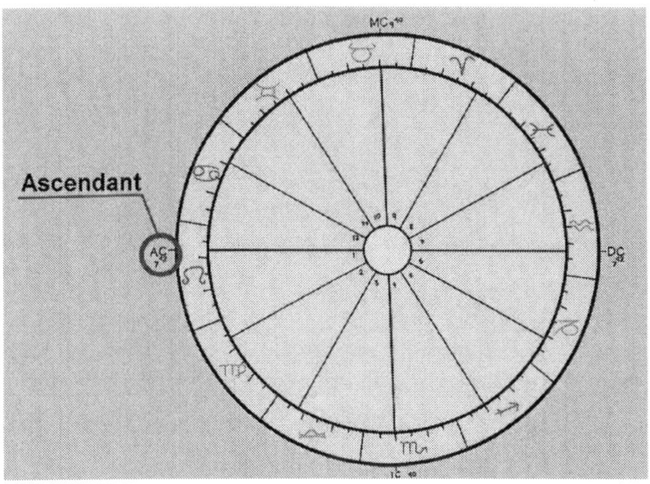

Abbildung: Wie man den Aszendenten überprüft

Die Interpretation des Aszendenten ist ein wichtiger Teil der astrologischen Tabelle. Er wird durch den Grad der Rotation des Kreises bestimmt, der sich über den östlichen Horizont zum Geburtszeitpunkt erhebt. Die Genauigkeit des exakten Geburtszeitpunkts ist entscheidend, um die genaue Position des Aszendenten zu finden. Der Aszendent hilft dabei, das Haus zu identifizieren. Stellen Sie sich vor, dass Ihr Tierkreis eine Uhr ist und dass Ihr Aszendent bei 9 Uhr liegt. Er bezieht sich auf Ihr erstes Haus. Das Diagramm ist in 12 gleiche Teile in Form von Dreiecken unterteilt. Wenn man im Uhrzeigersinn schaut, zeigt der Aszendent das erste Haus an. Dies ist aus der obigen Abbildung gut erkennbar.

Lernen Sie das Haus kennenzulernen

Der nächste Schritt beim Lesen des astrologischen Diagramms, nachdem der Aszendent und das Haus identifiziert wurden, ist das Verstehen der Auswirkungen der einzelnen Häuser auf die Persönlichkeit. Jedes Haus repräsentiert einen anderen Aspekt der Persönlichkeit, und das Zeichen und der Planet, die sich in diesem Haus befinden, beeinflussen diesen Aspekt.

Zum Beispiel repräsentiert das erste Haus den physischen Aspekt und die Eigenschaften, die man geerbt hat sowie die eigene Person zum Zeitpunkt der Geburt. Die Planeten und Zeichen, die sich im ersten Haus befinden, haben einen wichtigen Einfluss auf die Persönlichkeit. Das zweite Haus bezieht sich auf Geld und persönliche Ziele, während das dritte Haus Kommunikation und Transporte betrifft. Das vierte Haus bezieht sich auf Familie und Besitz, das fünfte Haus auf Romantik und Liebesbeziehungen, das sechste Haus auf Gesundheit und Dienstleistungen und das siebte Haus auf Verpflichtungen in Beziehungen und Ehen.

Der nächste Schritt beim Lesen des astrologischen Diagramms ist die Identifizierung des herrschenden Planeten des Diagramms und das Verstehen des Einflusses, den er auf das Diagramm ausübt. Das kann man mit dieser Methode tun.

Kennenlernen des Planeten

Der dritte Schritt beim Lesen eines astrologischen Diagramms ist die Interpretation der darin enthaltenen Planeten. Planeten werden durch die ihnen zugeordneten Symbole dargestellt, von denen jedes einen spezifischen Einfluss auf die Person ausübt. Das Symbol der Sonne beispielsweise ist ein Punkt innerhalb eines Kreises, das Symbol des Mondes ein Halbmond, das Symbol von Venus weiblich, während das Symbol von Mars männlich ist.

Die Position der Planeten im Diagramm wird anhand der Geburtszeit der Person und ihrer relativen Bewegung interpretiert, da die Planeten ständig in Transit sind und sich zu einem bestimmten Zeitpunkt in jedem Tierkreiszeichen befinden.

Im Folgenden finden Sie eine Liste der Planetensymbole:

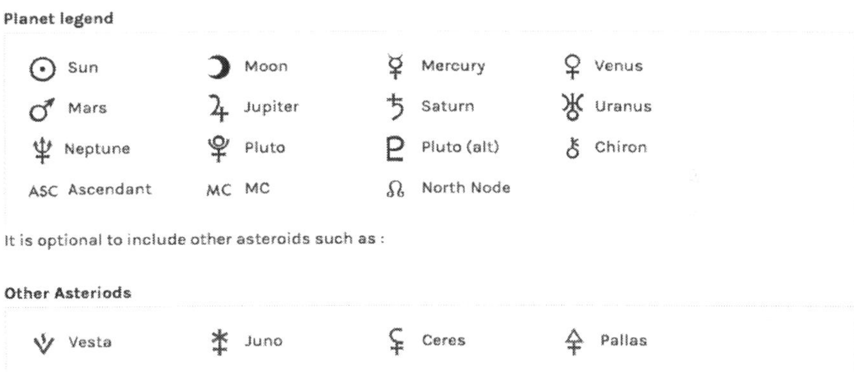

Bild: Liste der Symbole, die für die Darstellung von Planeten und Knoten in astrologischen Diagrammen verwendet werden können

Position des Planeten

Astrologen ermitteln die Position, indem sie den Transitzustand des Planeten interpretieren und Geburtszeitpunkt, - datum und - ort zusammenfassen, um die Position des Planeten im astrologischen

Diagramm vorherzusagen. Um dies zu erreichen, berechnen sie in der Regel den Grad des Aszendenten anhand der Geburtszeit. Dies kann wie folgt erreicht werden:

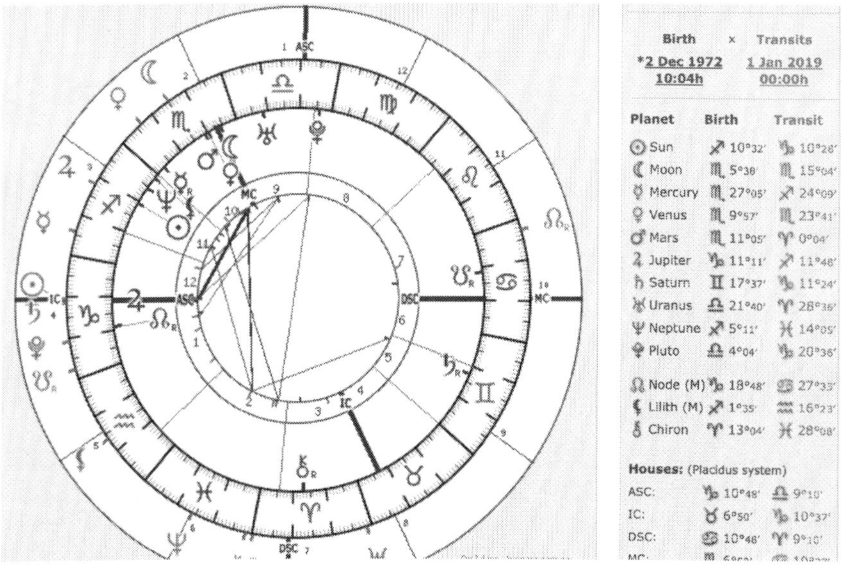

Abbildung: Die Abbildung zeigt die Position der Planeten und wie ihre Position berechnet wird

Angenommen, Ihr Geburtsdatum ist der 2. Dezember 1972 und die Position des im Transit befindlichen Planeten ist der 1. Januar 2019. Durch Multiplikation des Geburtsdatums und -zeitpunkts mit der Transitzeit des Planeten kann die Position des Planeten im astrologischen Diagramm bestimmt werden. Sobald die Position eines Planeten ermittelt ist, können seine Eigenschaften und der Einfluss, den er auf das Leben einer Person ausübt, erfahren werden. Planeten werden in zwei Kategorien unterteilt: persönliche Planeten und äußere Planeten.

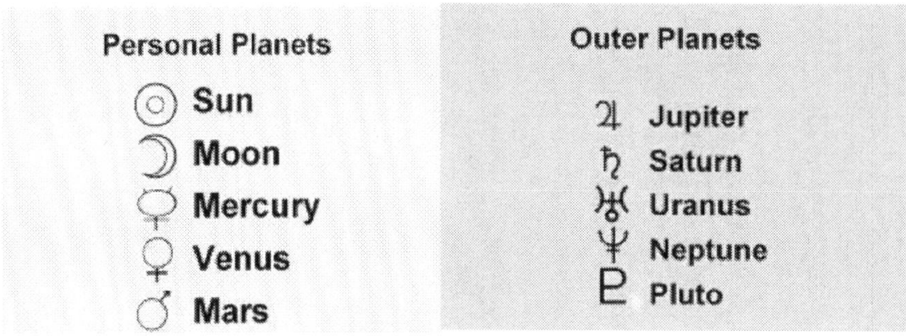

Abbildung: Persönliche Planeten und äußere Planeten

Die Sonne und der Mond beschreiben die Persönlichkeit, Identität und Emotionen einer Person und wie sie mit anderen interagiert. Merkur beschreibt die Fähigkeit, auf Individuen und Gegenstände zu reagieren, während Venus die Behaglichkeit und das Vergnügen im Leben vorhersagt. Mars prognostiziert Kraft und Widerstand, um die Güter im Leben zu erreichen.

Die äußeren Planeten wie Jupiter, Uranus, Neptun, Saturn und Pluto beschreiben auch verschiedene Aspekte der Persönlichkeit. Zum Beispiel repräsentiert Jupiter, wie eine Person mit der Gesellschaft interagiert und sich integriert, um persönliches Wachstum zu erreichen, während Saturn die Regeln reflektiert, die für das innere Wachstum festgelegt sind und Verantwortungen vorhersagt. Uranus spricht über die Fähigkeit zu lernen und zu wachsen, Neptun enthüllt die Vorstellungskraft und Pluto die Fähigkeit, sich zu verändern und Dinge zu erreichen.

Um ein Horoskop zu interpretieren, ist es wichtig, die Bedingung der Planetenüberlagerung zu kennen. Diese Situation tritt auf, wenn ein Zeichen von mehr als einem Planeten regiert wird und wird gemeinhin als geteilte Herrschaft bezeichnet. Zum Beispiel, wenn man das zweite Haus ansieht, in dem 0° Stier ist und 5° Aszendent im dritten Haus ist Zwillinge, dann sind Merkur und Venus die herrschenden Planeten. Um die Position des Planeten im entsprechenden Haus zu bestimmen, ist es notwendig, den Grad des Aszendenten zu kennen.

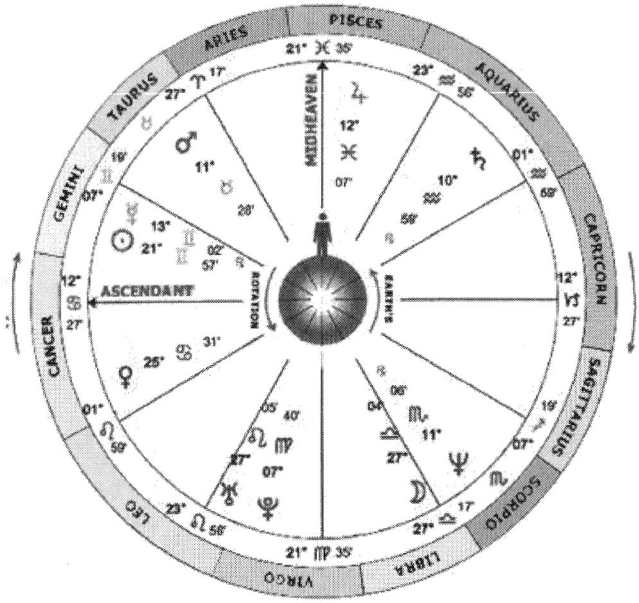

Abbildung: Ein vollständiges astrologisches Diagramm, dargestellt mit Symbolen, Häusern und der Position des Planeten in jedem Haus

Sobald man sich mit der Position der Planeten in einem astrologischen Diagramm vertraut gemacht hat, ihrer Position in den Häusern und Graden des Horizonts sowie den Aspekten zwischen den Planeten, ist der nächste Schritt, diese Elemente anhand der Position der Planeten in den Häusern und Zeichen zu interpretieren. Es ist wichtig sicherzustellen, dass alle Punkte im Diagramm korrekt platziert sind, bevor man mit der Interpretation fortfährt, da dies dazu beitragen wird, die Persönlichkeit des Individuums zu enthüllen und seinen Lebensweg vorherzusagen.

Jeder Planet und jedes Haus beeinflusst das Leben und die Persönlichkeit einer Person. Wenn zum Beispiel eine Person Uranus im Widder im vierten Haus hat, kann man erwarten, dass Uranus seine Fähigkeit zum Lernen zeigt, das vierte Haus die Ziele des Individuums in Bezug auf Familie und Heimat repräsentiert und der Widder die Emotionen und Ambitionen des Individuums.

Es ist auch wichtig, alle Elemente und Eigenschaften im astrologischen

Diagramm auszugleichen, um eine vollständige und präzise Lesung zu erhalten.

Die Bedeutung der Elemente und Qualitäten in der Interpretation astrologischer Diagramme

Die Bedeutung der Elemente und Qualitäten in der Interpretation astrologischer Diagramme ist wichtig, um zu verstehen, wie die Energien der Zeichen und Planeten die Persönlichkeit einer Person beeinflussen. Die astrologischen Zeichen werden in vier Gruppen unterteilt, die jeweils einem Element zugeordnet sind: Feuer, Luft, Erde und Wasser. Auch jedes Zeichen gehört zu einer der drei Qualitäten: kardinal, fest und wandelbar. Dies beschreibt, wie ein Zeichen sich im Verhältnis zu anderen verhält und wie es sich in unterschiedlichen Situationen verhält. Durch das Studium der Elemente und Qualitäten kann man ein umfassenderes Verständnis von einer Person und ihrer Chemie mit anderen Zeichen und Planeten haben.

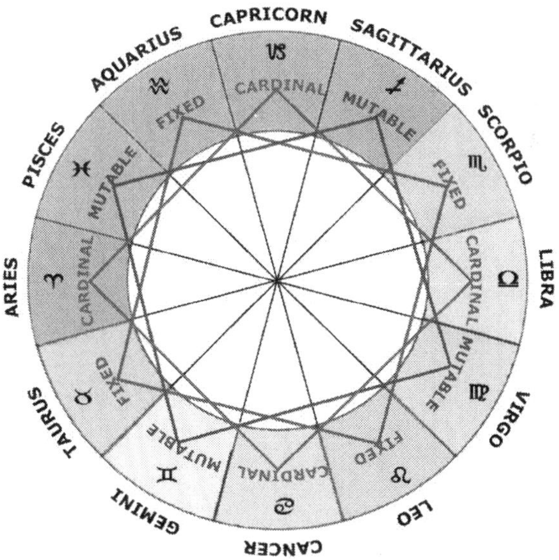

Abbildung: Die Qualitäten einer Person im Diagramm werden durch das Quadrat dargestellt

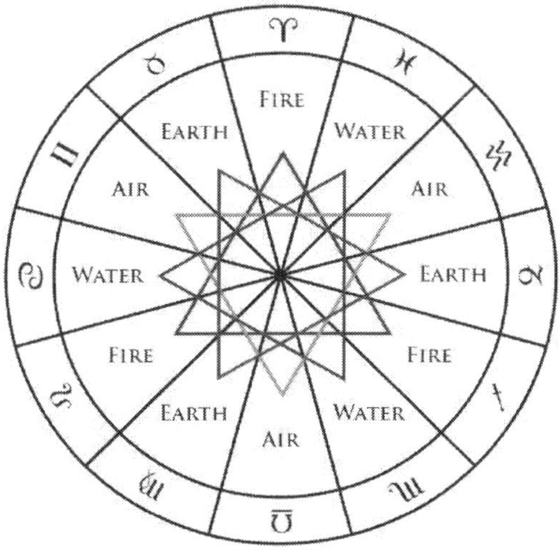

Abbildung: Die Elemente des Diagramms werden als Dreiecke dargestellt

Ist es möglich, die Elemente und das Sternzeichen in Beziehung zu setzen mit ihren Eigenschaften, wie in der folgenden Tabelle gezeigt:

Elements/qualities	Fire sign	Water sign	Air sign	Earth sign
Cardinal	Aries	Cancer	Libra	Capricorn
Fixed	Leo	Scorpio	Aquarius	Taurus
Mutable	Sagittarius	Pisces	Gemini	Virgo

Tabelle: Die Tabelle zeigt die Beziehung zwischen den Elementen und den Eigenschaften in Bezug auf das jeweilige Sternzeichen

Das sind die einfachen grundlegenden Schritte, die man unternehmen muss, um ein astrologisches Diagramm zu lesen.

Das Geburtshoroskop lesen

Um ein Geburtshoroskop zu studieren, bleibt der Prozess ähnlich dem Lesen eines astrologischen Diagramms, daher sind einige

Schlüsselschritte erforderlich:

- Identifizieren Sie das Geburtsdatum und die Geburtszeit der Person.
- Verwenden Sie einen astrologischen Rechner, um die Position der Himmelskörper zum Zeitpunkt der Geburt zu bestimmen.
- Bestimmen Sie die Position der Person innerhalb des astrologischen Diagramms, auch bekannt als der Ascendent. Das Ascendent zeigt das Haus der Person.
- Identifizieren Sie die Position der Planeten und ihren Transitstatus.
- Verwenden Sie die Elemente und Qualitäten des astrologischen Diagramms, um die Position der Planeten und ihre Beziehung zu den Häusern zu interpretieren.
- Sobald diese Schritte abgeschlossen sind, kann man das Geburtshoroskop verwenden, um die Persönlichkeit und Tendenzen der Person zu lesen.

Als Beispiel nehmen wir das Geburtsdatum 25. August 1993, die Geburtszeit 4:20 Uhr nachmittags und den Tag Mittwoch. Mit diesen Informationen können wir die Position der Planeten und anderer Himmelskörper am Himmel zum Zeitpunkt der Geburt berechnen. Diese Daten helfen uns, astrologische Aspekte wie die Position des Mondes im Verhältnis zum Mars zu identifizieren. Außerdem verwenden wir die Länge und Breite, um den Ascendent zu berechnen, das ist der Punkt, der sich am Horizont im Osten befindet zum Zeitpunkt der Geburt. Das Ascendent zeigt uns, in welchem astrologischen Haus sich die Planeten befinden und ist ein wichtiger Faktor bei der Interpretation des Geburtshoroskops. Das Datum und der Tag helfen uns, die Planeten zu identifizieren, daher ist Ihr Geburtshoroskop wie folgt:

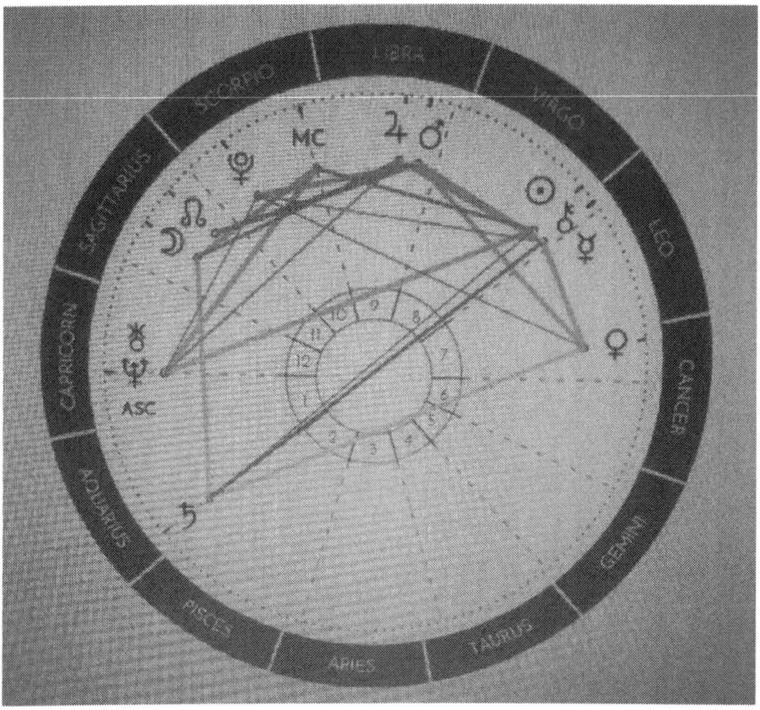

Abbildung: Das Bild eines Geburtshoroskops

Das Bild zeigt deutlich die Position des Planeten im Diagramm und verschiedene Aspekte wie Elemente und Qualitäten, Ascendenten, Häuser und die Position der Planeten an. Lesen Sie kurz alle Aspekte in den vorherigen Kapiteln und erstellen Sie anschließend Ihre präzise Vorhersage.

Kapitel 14: Die Sprache der Energie

Die Astrologie gilt als Sprache der Energie, die das Leben einer Person beeinflusst. Planeten, Elemente, Zeichen, Häuser und Aspekte im Horoskop regulieren den Energiefluss und zeigen das Energiemuster, das eine Person erlebt. Diese Energie kann nützlich oder schädlich sein, d. h. konstruktiv oder destruktiv. Das Geburtshoroskop oder ein astrologisches Diagramm zeigt die exakte Form der Energie und ihre Natur.

Besonders wichtig ist die Energie des Sternzeichens, in dem sich die Sonne zum Zeitpunkt der Geburt befindet. Das Zeichen und der Ascendent zeigen den Energiefluss, der verwendet wird, um Wünsche zu erfüllen und die Durchführbarkeit zu regieren. Der Mond übt eine Art von statischer Energie aus, die die Art von Körper und die Qualität der Energie anzeigt, die eine Person zu ihren Zielen treibt. Der Geburtsmonat gibt Aufschluss über die Gelegenheit, in der die Seele in Existenz tritt, mit welcher Qualität an Energie und welcher Art von Kraft sie zu experimentieren hat. Die Energie der Sonne im Sonnensystem hat eine lebenswichtige Bedeutung.

Daher spricht alles, wenn man das Geburtshoroskop einer Person betrachtet, die Position der Planeten, Zeichen, Ascendenten und Häuser, in Form von Energie. Diese Energien können miteinander interagieren und können die Qualitäten des Lebens einer Person ausdrücken. Energie kann durch Meditation, positive Schwingungen und magische Worte verwaltet werden, um die Macht der Seele positiv zu beeinflussen. Wenn die Energie von zwei verschiedenen Konstellationen im gleichen Zeichen oder Haus kollidiert, hat die Person zwei verschiedene Formen von Energie, die manchmal Komplikationen verursachen. Zusammenfassend beschäftigt sich Astrologie mit der Sprache der Energie und ihren Auswirkungen auf das Leben einer Person, sowohl körperlich als auch spirituell.

Kapitel 15: Das Kundalini-Erwachen

Die Astrologie umfasst den Begriff der spirituellen Energie wie das Erwachen der Kundalini. Kundalini ist die Energie, die in das Wurzel-Chakra am unteren Rücken gerollt ist und durch Meditation und das Singen von Mantras geweckt werden kann. Durch Konzentration und Absicht kann diese Energie durch die Chakren bis zum Scheitelpunkt geführt werden, was den Weg der spirituellen Energie beleuchtet und unser Potenzial erhöht. Das Erwachen der Kundalini bietet viele Vorteile, wie die Möglichkeit, die eigene innere Seele für das Wohlsein zu nutzen und die Spiritualität ohne Hindernisse wahrzunehmen. Um das Konzept des Erwachens der Kundalini besser zu verstehen, ist es wichtig zu wissen, was genau Kundalini ist und wie wir sie in uns wecken können.

Was ist das Kundalini-Erwachen?

Der Begriff "Kundalini" bezieht sich auf eine Form der psychospirituellen Energie, die auch als "Bewusstseinsenergie" bekannt ist und von der man glaubt, dass sie in unserem Körper im Schlafzustand enthalten ist. Kundalini bedeutet "eingerollt" und man glaubt, dass es sich um eine Form göttlicher Energie handelt, die sich am Grund der Wirbelsäule befindet. Es wird oft als "Muladhara" bezeichnet und man glaubt, dass es durch eine spirituelle Disziplin geweckt werden kann, was zu einem neuen Bewusstseinszustand führt.

Laut hinduistischer Mythologie wird die Kundalini als "Schlangenkraft" bezeichnet, da man glaubt, dass sie wie eine Schlange im Wurzel-Chakra ruht. Die Kraft der Kundalini wird als immens und sehr selten empfunden von denen, die sie erfahren können. Die Phänomene, die damit verbunden sind, reichen von physischen Fähigkeiten bis hin zur Selbstüberwindung, Visionen, Güte und Glückseligkeit.

Das Wissen um die Kundalini ist mit Yoga und dem Saiva-Tantra verbunden, in denen sie als eine Form göttlicher weiblicher Energie betrachtet wird. Kundalini kann durch verschiedene Praktiken wie intensives Meditieren, das Rezitieren von Mantras, Yoga-Asanas,

Pranayama und anderen Methoden geweckt werden. Um die Kundalini-Energie zu wecken, ist eine regelmäßige Praxis von Meditation und spiritueller Hingabe erforderlich.

Interpretationen der Kundalini

Kundalini ist eine potenzielle Kraft, die im menschlichen Körper im Ruhezustand vorhanden ist. Es wird angenommen, dass sie sich in den Chakren und Nadi des feinen Körpers manifestiert. Jedes Chakra hat seinen eigenen besonderen Charakter. Mit starker Entschlossenheit und Training kann man durch Verschieben der Kundalini durch alle Chakren helfen, diese Charaktere in ihrem vollen Potenzial auszudrücken und zu öffnen. Kundalini wird als die Hauptkomponente des feinen Körpers beschrieben, der aus Nadi, Energiekanälen, Chakren, körperlichen Zentren, Prana, feiner Energie und dem Kendra Bindu, dem Tropfen der Essenz, besteht. Sie ist am Grund der Wirbelsäule, im Bereich des Sakralchakras (Muladhara) aufgerollt, aber ihre Position kann von der Taille bis zum Nabel variieren. Sie wird als rechteckiger Sakralknochen in der Mitte der Windungen betrachtet. Sie können ein klares Bild dieser Elemente aus dem bereitgestellten Bild erhalten.

Der Prozess des Erwachens der Kundalini und die Bedeutung der Chakren

Laut Yoga-Lehren hat der Prozess des Erwachens der Kundalini seinen Ursprung am Grund der Wirbelsäule und durchläuft den leeren Kanal des Rückenmarks. Es steigt langsam im Körper auf und durchläuft jedes der Chakren. Während des Erwachensprozesses entrollen sich die Schichten des Geistes und die Chakren, füllen sich mit Energie und bewegen sich in Richtung Kronenchakra. Wenn es das Gehirn erreicht, entsteht eine Verbindung zwischen spiritueller Energie und Gehirn jenseits der Welt und man befreit sich von seinem Körper. Es gibt zwei Kanäle, die sich in der Mitte der Wirbelsäule befinden: Ida links und Pingala rechts (Sitzposition der Beine). Der leere Kanal der Wirbelsäule wird als Sushumna bezeichnet und befindet sich am Ende des Gehirns.

Wenn die Kundalini-Shakti erwacht, steigt sie zum Kopf auf und vereinigt sich mit dem Herrn Shiva. Die Person taucht in tiefe Meditation und Glückseligkeit ein. Während der tiefen Meditation fließt die Lebensenergie nach innen und enthüllt die innere göttliche Kraft und das Bewusstsein der Seele und des Geistes entsteht. Yogis beschreiben die Kraft, die von unten nach oben zum Geist fließt, als erwachte oder aufsteigende Kundalini. Während dieses Prozesses spielen die Chakren eine wichtige Rolle bei der Vereinigung der Kundalini-Energie mit dem Göttlichen. Das Zentrum der Wirbelsäule gilt als am wichtigsten. Die Energie durchläuft die sieben Hauptchakren, die als Energie-Rad betrachtet werden und die unsichtbare Energie enthalten. Das sind die Grundlagen dieser Chakren.

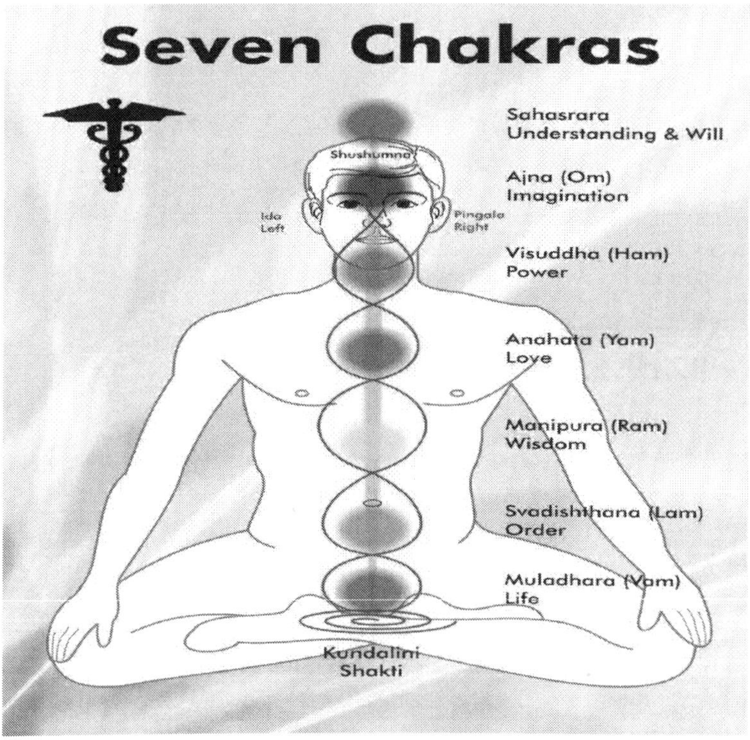

Abbildung: Das Bild zeigt die Position jedes Chakras innerhalb des menschlichen Körpers

Das erste Chakra

Das erste Chakra befindet sich am Grund der Wirbelsäule und ist als Kundalini-Chakra oder Muladhara bekannt. Es wird angenommen, dass dieses Chakra uns an das Gefühl bindet, als getrennte Person von der spirituellen Welt zu existieren und eine Verbindung zur spirituellen Existenz herstellt. Drei Eigenschaften sind in diesem Chakra verwurzelt: die Trägheit, allgemein als "Tamas" bekannt; die Aktivität, bekannt als "Rajas"; und die harmonische Balance, bekannt als "Sattva". Ein Mensch sollte eine Mischung aus all diesen Eigenschaften haben. Die Lebensenergie ist in diesem Chakra verwurzelt und die Energie bewegt sich durch den gesamten Körper. Die Kundalini ist Energie im Ruhezustand, bis sie durch tiefe, intensive Meditation geweckt wird und man sich dem inneren Leben hingibt, als ob man im Raum wäre.

Das zweite Chakra

Das zweite Chakra, bekannt als Swadhisthana, ist mit den Geschlechtsorganen des menschlichen Körpers verbunden. Es ist normalerweise in einem inaktiven Zustand, kann aber bei manchen Menschen aus dem Gleichgewicht geraten und eine Obsession mit Sexualität und Angst verursachen. Dieser Bereich wird als Wurzel des Vergnügens angesehen und enthält die dunkelste Energie. Während des Prozesses des Erwachens der Kundalini fließt die Energie durch dieses Chakra und öffnet es und ermöglicht ihm, sein volles Potenzial zu erreichen. Wenn dieses Chakra erwacht und ausgeglichen ist, ist die Person frei von Lüsternheit, Zorn und Gier, fühlt sich integriert, ruhig und ohne Angst. Zusätzlich entwickelt sie einen starken Willen und Hingabe zum eigenen spirituellen Leben.

Das dritte Chakra

Das dritte Chakra, genannt Manipura, befindet sich leicht über oder unter dem Bereich des Nabels im Körper. Es wird angenommen, dass es ein Gefühl der persönlichen Identität schafft und direkt mit Überleben und Verdauung verbunden ist. Die Energie dieses Chakras fließt durch alle Organe des Körpers und erhält die körperliche Gesundheit. Wenn die

Energie aus dem Gleichgewicht ist, kann eine Person arrogant, depressiv und schwach werden.

Während des Erwachens der Kundalini fließt die obere und untere pranische Energie durch dieses Chakra. Um eine gute Gesundheit und spirituelle Entwicklung aufrechtzuerhalten, ist es wichtig, dass die Energie nach oben gerichtet wird. Es dauert Zeit und eine starke spirituelle Hingabe, um dieses Chakra zu wecken und zu stabilisieren.

Wenn es vollständig erwacht ist, entwickelt sich ein Gefühl der persönlichen Identität und tiefgreifende Veränderungen in spirituellen Einsichten treten auf. Dies gilt als der wichtigste Wendepunkt während des Erwachens der Kundalini, da sie einmal vollständig aufsteigt und nicht mehr in den unteren Bereich fällt. Es können auch einige positive körperliche Fähigkeiten manifestieren. Manipura gilt auch als das Zentrum der Macht.

Das vierte Chakra (das Herz wecken)

Das vierte Chakra, auch Anahata genannt, befindet sich im Zentrum der Brust, parallel zur Wirbelsäule und dem Herzen. Dieses Chakra ist mit unserer Fähigkeit zu Mitgefühl, Wertschätzung für die Natur, Kreativität, Liebe zum Leben und Empathie verbunden. Im Allgemeinen gilt das Herz-Chakra als immer geöffnet und ausgeglichen. Während des Prozesses des Erwachens der Kundalini und der Transformation des Herz-Chakras kann jedoch eine Verbesserung der Lebensqualität und ein emotionaler Ausgleich beobachtet werden. Beim Aktivieren des Chakras kann man Geräusche wie Gesang oder Flötenklänge hören. Es kann auch eine psychokinetische Energie innerhalb von sich selbst erlebt werden und die Fähigkeit zur Selbstheilung kann erworben werden. Es kann auch das Bedürfnis entstehen, sich von der Außenwelt zu lösen. Während man voranschreitet, kann man einen tiefen inneren Frieden spüren. Es ist wichtig, während des Prozesses der Aktivierung des Chakras eine positive Haltung einzunehmen, da das, was man denkt, Einfluss darauf hat, was manifestiert wird. Das Chakra wird sich von selbst verwandeln, um sein volles Potenzial zu erreichen. Es kann auch das Singen von Mantras verwendet werden, um das Chakra anzuheben.

Das fünfte Chakra (Erwachen der Gegensätze)

Das fünfte Chakra ist Vishuddhi und befindet sich im Hals-Nacken-Bereich hinter dem Hals. Es hat einen starken Einfluss auf die Funktion des Halses, des Ohres und des Hörvermögens. Der Prozess der Aktivierung dieses Chakras steht dem von Shudhi, was Reinigung bedeutet, entgegen. Durch die Aktivierung von Vishuddhi kann man sowohl die dunkle als auch die helle Energie und verschiedene Aspekte des Lebens verstehen und akzeptieren. Dieses Chakra entwickelt inneren Frieden und Mitgefühl. Wenn es nicht im Gleichgewicht ist, kann es Probleme mit der Schilddrüse und Schwierigkeiten beim Hören verursachen. Im Yoga gibt es spezifische Asanas, die zur Aktivierung von Vishuddhi verwendet werden und die Schwingung des Klangs nutzen, um dessen Potenzial zu entwickeln. Außerdem kann man seine Wurzeln durch das Singen von Mantras, Musik und dem inneren Klang öffnen. Die Praxis von Nada Yoga ist besonders nützlich, um dieses Chakra zu wecken. Es wird auch angenommen, dass dieses Chakra bei Menschen, die eine natürliche Neigung zum Singen haben, bereits aktiv ist.

Das sechste Chakra (Ajna, das dritte Auge)

Das sechste Chakra, auch bekannt als Ajna, befindet sich zwischen den Augenbrauen und gilt als Befehlshaber des Körpersystems. Es ist eng mit der Pineal-Drüse verbunden. Um dieses Chakra zu entwickeln, ist eine Praxis der Meditation und Esoterik erforderlich, um die Aufmerksamkeit darauf zu konzentrieren.

Während des Prozesses des Erwachens von Ajna kann ein spirituelles Ereignis erlebt werden, begleitet von einem Licht der Vision und einer tiefen Ruhe. Es kann auch zu psychischen Enthüllungen führen. Die Energie fließt nach oben, in Richtung des Geistes und eröffnet die Möglichkeit, das volle Potenzial der Energie zu realisieren.

Der Körper einer Person befindet sich in Mudra Samadhi und verschmilzt mit dem Universum, indem die Trennung des Bewusstseins vom Kosmos verloren geht. Ajna sendet die Energie in beide Richtungen, nach oben und hinten, um tief verwurzelte Toxine des Körpers zu entfernen und dem System Kraft zu geben.

Wenn keine früheren Arbeiten an den Chakren durchgeführt wurden, kann der Prozess des Aufstiegs der Kundalini alle Chakren aktivieren und persönliches und unbewusstes Material hervorbringen. Daher ist es empfehlenswert, einen Guru zu haben, der uns in diesem Prozess leitet, um ihn tiefgreifend zu verstehen.

Das siebte Chakra (Tausend Blütenblätter des Sahasrara)

Das Sahasrara-Chakra befindet sich an der Spitze des Kopfes oder darüber. Wenn die Energie bewusst durch das Gehirn fließt, kann es eine weitere Reinigungsebene aktivieren und auch latente Hirn-Zentren öffnen, was zu Gefühlen wie Kribbeln, Jucken, Brennen, Vibrationen und anderen Empfindungen im Kopf führt. Der Samadhi-Zustand während der Kundalini-Erfahrung beinhaltet viele Veränderungen und bleibt in direkter Verbindung mit der spirituellen Energie, was zur Verwirklichung der Wahrheit und deren Übertragung auf den Körper führt.

Das Hauptziel des Kundalini-Erwachens ist es, das volle Potenzial der menschlichen Bewusstheit zu erwecken. Darüber hinaus spielen die kleinen Chakren, die Nadis, die Sushumna, die Ida und die Pingala eine entscheidende Rolle bei der Bewegung in Richtung Arbeitssinn, körperlicher Öffnungen usw. Diese Elemente tragen dazu bei, die Kraft in dir zum Vorschein zu bringen und mental sowie Heilenergie zu kühlen, indem sie einen Kreuzfluss von Schwanz zu Kopf im Körper bilden.

Diejenigen, die diesen Prozess durchlaufen, erfahren Segen und einen tiefen Frieden im Körper und Geist und erreichen eine größere Bewusstheit und Ausgeglichenheit.

Yoga Kundalini

Yoga Kundalini, wie Bikram und Jivamukti, ist ein körperliches Training, das längere Meditationen betont, um die innere Energie zu wecken. Der Prozess des Aufstiegs der Kundalini aktiviert den Pfad und beleuchtet die göttliche spirituelle Energie, um das maximale Potenzial der inneren Kraft zu erreichen. Personen, die Yoga Kundalini praktizieren, sollten mit den Chakren vertraut sein, um ihre Kraft vollständig auszuschöpfen und zu wissen, wie sie praktizieren, um sie maximal zu wecken. Der Aufstiegsprozess der Kundalini erfordert viel Zeit und totale Hingabe, um ihre Kraft zu realisieren. Während des Prozesses kann der Körper verschiedene Heilungs- und Energieprozesse durchlaufen, wie heftige Bewegungen, Hitze und Kälte und seltsame Geräusche hören. Die Person sollte ruhig sein und nicht von dem Pfad der Erleuchtung abweichen. Indem man das Kronenchakra erreicht, kann man die Erleuchtung erlangen und verschiedene Vorteile erhalten, um das eigene Maximumpotential zu realisieren und es zum Aufbau der eigenen inneren Persönlichkeit zu nutzen.

Schlussfolgerung

Das Buch, das Sie gerade gelesen haben, gibt Ihnen eine solide Basis, um die Grundlagen der Astrologie zu verstehen und sie zu nutzen, um Ihre Geburtshoroskope zu lesen und zu erstellen und ihre tiefere Bedeutung zu verstehen. Die Geschichte und Herkunft der Astrologie ermöglicht es Ihnen, sich mit dem Konzept der astrologischen Vorhersagen und den von Astrologen verwendeten Werkzeugen vertraut zu machen, um eine Vorhersage zu machen. Wenn Sie Anfänger sind, haben Sie keine Angst: Dieses Buch führt Sie Schritt für Schritt in die Erforschung des astrologischen Aspekts und hilft Ihnen, die Persönlichkeit und Umstände Ihres Lebens anhand Ihres Geburtshoroskops zu verstehen. Es stellt Ihnen auch die interessantesten und faszinierendsten Aspekte der Astrologie vor. Lesen Sie das Buch allein ist jedoch nicht ausreichend: Es ist auch wichtig, das Gelernte anzuwenden und eigene Vorhersagen zu machen. Glücklicherweise gibt Ihnen dieses Buch die Werkzeuge und Techniken dafür. Denken Sie daran, dass die im Universum vorhandenen Himmelskörper Energien ausstrahlen, die unser tägliches Leben beeinflussen, oft ohne dass wir uns es bewusst sind. Dieses Buch wird Ihnen die Bedeutungen und Aspekte jedes einzelnen Himmelskörpers in Ihrem Leben aufzeigen. Lernen Sie Astrologie und entdecken Sie, wie Sie sie nutzen können, um Ihr Leben zu verbessern. Mit diesem Buch als Leitfaden werden Sie ein Experte in der Lesung von Geburtshoroskopen und der Vorhersage der Zukunft. Ich möchte all jenen danken, die die Entstehung dieses Buches ermöglicht haben. Ich bin dankbar für eure Unterstützung, eure Hingabe und eure Leidenschaft für Astrologie. Außerdem ermutige ich euch, weiterhin zu erforschen und die Lehren dieses Buches zu nutzen, um euer Leben zu verbessern und anderen zu helfen. Wir wissen, dass das Lernen der Astrologie schwierig sein kann, aber ich bin hier, um euch in jedem Schritt des Weges zu unterstützen. Danke, dass ihr dieses Buch als eure Führung bei der Erforschung der Astrologie gewählt habt.

Lieber Leser...

Unser literarisches Abenteuer ist zu Ende, zumindest für dieses Buch... Das Schreiben des Handbuchs, das Sie in den Händen halten, war eine wunderbare Gelegenheit, mich selbst herauszufordern und mein Herz zu öffnen, ich habe all meine Leidenschaft und meine Erfahrung, die ich in diesem Bereich gesammelt habe, zu Papier gebracht...

Ich hoffe, dass meine Gesellschaft Sie neugierig gemacht und informiert hat und dass Sie in den vorherigen Seiten Anregungen und nützliche Werkzeuge gefunden haben, um Ihre Fähigkeiten im Bereich der Astrologie zu entwickeln und Ihre Persönlichkeit wachsen zu lassen. Diese Dinge machen Sie einzigartig und unverwechselbar. Haben Sie es nicht eilig mit dem Lernen, es ist ein Weg, der viel Übung und Engagement erfordert, was Sie aber nicht davon abhalten sollte, Ihre Ziele zu erreichen.

Erinnern Sie sich daran, dass das Geheimnis eines erfüllten und erfüllten Lebens darin besteht, Freude an der Reise zu haben.

Wenn es auch für Sie so war und wenn Sie dieses Buch auf irgendeine Weise nützlich fanden, wäre es fantastisch, wenn Sie eine ehrliche Bewertung auf Amazon hinterlassen würden. Dies würde mir helfen, mich weiterzuentwickeln und meine Botschaft mit so vielen Menschen wie möglich zu teilen. Ich wünsche Ihnen alles Gute und ein erfülltes Leben!

Scannen Sie hier unten, um eine Rezension für dieses Buch zu hinterlassen

Grüße,

Rhonda Waite Moon

Printed in Poland
by Amazon Fulfillment
Poland Sp. z o.o., Wrocław

25727992R00065